WORKING MOTHER

SURVIVAL GUIDE

职场妈妈平衡术

[美] 苏珊娜·瑞丝
Suzanne Doris
特瑞莎·帕拉格诺 著
Teresa Paragno
胡皓 译

河北出版传媒集团
河北科学技术出版社

写给职场妈妈

我有三个儿子，如今都已经长大。在他们小的时候，我一直都是一边忙工作，一边忙孩子的。我做过各种工作——教师、教育心理专家、咨询顾问、育儿专家，还有作家。虽然那时我并不缺乏从工作中发现的乐趣，但是我更希望能拥有什么宝典、魔法书之类，它们能教会我去平衡职场与家庭的冲突。那样的话，我既不会被繁杂的工作搞得焦头烂额，再忙碌也不会忘记“Me Time”，从而能够更享受地“活在当下”；也不会因选择产后继续工作而感到歉疚不安，更多的是感到自豪，因为我由衷地发现自己真的热爱工作——事实上，我从来没有不喜欢工作过。

在这本书中，你们可以找到最大限度的共鸣。书中提到的所有挑战、崩溃、收获和喜悦，对于每一位职场妈妈来说都会感同身受。

在孩子面前，我们毫无保留，恨不得把心都掏出来，只要他们能够快乐。我们希望通过良好的培养，使他们掌握未来生活所需的足够的技能，又希望他们无论走到哪里都能成为优秀的公民。可是，当今社会做父母的，尤其是职场妈妈们，面临着前所未有的压力。我们努力地想把工作做到最好，同时又能负起家庭责任，但有时候真的不知道在两者之间该怎么去做取舍。重视哪一个？放下哪一方？来自各方面的压力该如何处理才好？

而且，虽然我们满腔热情地想集好妈妈、好员工、好妻子、好朋友于一身，但是我们真的无法在每一天把每一件事都做到尽善尽美。既然不能完美，我们就要做出合理的妥协，适当地找一点捷径，容忍家里不那么整洁，向其他妈妈们取取经。

《职场妈妈平衡术》由苏珊娜·瑞丝和特瑞莎·帕拉格诺为职场妈妈倾力打造，在书中，她们提供了许多生活的秘诀和应对方法。说本书有振奋人心、醍醐灌顶的功效可能略显夸张，但是，助你一臂之力，让你笑迎那些让你感到无力走出的困境，它的确是可以派上用场的。见招拆招，秘诀唾手可得——你只需要浏览其中一章，快速找到对你有用的“金句”。这些“金句”将是你的“锦囊妙计”和“莲花宝典”：从怎样一边带孩子一边工作，到建立强大的“防火”工事，当不可预知的危机侵入时，你拥有捍卫家园的安全网络。在本书中，你将随处发现一些原来不知道的节约时间的小窍门，帮助你有更多的时间陪伴家人。

本书提出的观点是我个人所推崇，但从未在别的地方见到的。我们会想各种办法去限制孩子们看电视，可是却很少意识到当我们自己对着各种屏幕打发时间时，对他们所造成的影响，当我们手里总是端着手机刷屏或者盯着电脑忙工作时，孩子们已经全部看在眼里了。本书就为你提供了切实可行的方法，帮助你抽出身来和孩子一起享受更多的亲子时光。因为贴心，所以简单易行，来吧，谁说职场妈妈不能把家庭和事业这碗水端平呢！

米切尔·波巴

育儿专家、教育心理学家、

《今日秀》节目撰稿人、

《育儿大全》获奖作者

分享我们的妈妈经

最近有一次周末晚间在电话中就一本书的某个章节进行沟通的时候，谈话一再被打断。“杰，马上把那把剑放下。稍等哈，我家孩子要用一把玩具剑杀了他的小伙伴。”“杰克，宝贝儿，上次你是在哪儿看到伍迪的帽子的？”等到整装待发的“牛仔”拿到自己的红帽子，“亡命之徒”们各自出发，我们才能又继续工作。我们的谈话再次被打断，因为“该死的水饺要炸开了”。

我们的儿子杰克和杰从蹒跚学步到他们 7 岁，这期间我们一直在弄这本书。我们精心计划着每一个章节，幸运的是，我们终于把自己的焦虑、困境和沮丧写了出来，并且归纳出解决办法，那些可都是在很多情况下拯救过我们的切实可行的法子啊。比如当孩子问：“为什么你不能是个不上班的妈妈呢？为什么每天放学后我都要去托管班呢？你的手机怎么就老是响个不停呢？”你这个职场妈妈该怎么回答呢？

关于孩子和事业的讨论，使我们得出了许多在职场与家庭的生存法则；我们从咨询专家、读者、成千上万名身陷困境的妈妈以及我们所做的研究中学习到很多策略；汇总起来，它们就是一大把关于家庭——事业的“锦囊妙计”。我们渴望把这份宝贵的生活智慧传播出去，分享那些曾经是他人不吝与我们分享的经验，于是有了这本书的问世。

2011 年对于美国来说是一个拐点，有史以来女性就业人数首次超过男性。在近三分之二的美国家庭中，母亲成了主要或者唯一的经济来源。根据美国人口普查局的统计数字显示，美国单身母亲人数已从 1970 年的 340 万增长到了今天的 1000 万人。

回想一下，我们的妈妈在抚养我们的时候，那个时代是什么情形，那时生了孩子还继续去工作的母亲并不常见。而今天，全美 72% 的妈妈不是全职工作就是做着兼职。虽然用人单位会考虑员工的家庭情况，每年由在职妈妈们评选出 100 家“最照顾在职妈妈”的公司，但是弹性工作时间和远程会议对于大多数用人单位来说还是没有实行。还是要学会自己救自己，一本与时俱进的“平衡术”将让女性朋友们知道，如何把自己打造成一个有爱心的妈妈和工作出色的员工，而不是感觉被不同的要求和南辕北辙的需求所淹没。

当我们坐下来写这本书的时候，我们首先参照了自己身边的资源——我们自己的母亲。苏珊娜出生于“在职妈妈世家”：她的曾祖母开了一间干货店，姥姥是小学教师，奶奶是内科医生。

通过了解母亲以往的工作经历，苏珊娜意识到自己的母亲就是一名开拓者：她完全掌控着自己的事业，做到了工作生活两不误。和许多毕了业就结婚生子的大学同学不同，苏珊娜的母亲大学毕业后进入职场，第一份工作是医院个案助理，后来又做过法律证据校对员和客户营销主任。结婚生子后，她开办了一家网络婚恋公司，这使她能够更好地管理自己的时间。当儿女都长大成人后，她又回到了学校，当了一名心理分析师。所以，当苏珊娜 10 岁的时候，就已经明白自己有一天也要出去工作。由于母亲从事过很多职业，目睹着母亲的事业轨迹，苏珊娜想着以后要当一名职业滑冰运动员，拥有一间花店，或者当一名像路易斯·莱恩那样的女记者……

特丽莎则在追寻母亲在抚养几个孩子的过程中，都采用过哪些“上策”。她想知道她的母亲是怎么做饭、打扫卫生、购物、照顾孩子、参加孩子的篮球赛以及在孩子的乐队和芭蕾表演中不睡觉的。她还想知道她的母亲是如何护理擦破的膝盖，照料患上流感的家人，呵护受伤的心灵，存钱供孩子们上大学，跟孩子们讨论性。与此同时，母亲还要做着全职推销员的工作，后来又换了工作当了一名老年人看护。特丽莎母亲的秘诀就是：“我喝很多的茶。”她家的每一个孩子都知道，当妈妈走进家门，无论是要和她讨多大的事，向她伸手要钱，还是问她晚饭吃什么，都要等她喝完一杯茶再说。

今天，人们常常会谈到“Me Time（自我时间）”，本书中针对此内容有大量方法，帮助你去关注自身，接纳自己的不完美，放下内疚，接受帮助，感恩生活，帮助他人。在不尽如人意的生活中发现美好，这不仅仅是生存下去所需要的，也是创造多彩生活所必需的。读了这本书并不能保证以后在周末你再也不会接到与工作有关的电话，孩子会安静地在角落里玩耍，或者饺子再也不会爆开。但是，我们希望书中提供的小建议能够帮助你，即使面临所有这些狼狈不堪，你也依然可以保持淡定。

本书作者：

苏珊娜·瑞丝和特瑞莎·帕拉格诺

加油，职场妈妈！

记得电视节目主持人李静在微博里写下过这样一段文字："很累。曾经，一个朋友多年前跟我说，做多少事就伴随着多少麻烦，每天处理不完的公事、邮件、录像，还有各种麻烦事！……昨晚深夜回家，看到女儿画的一个小故事，有猫有狗有姥姥，就是没我，心里万分难受。选择，有时真的很残忍。我想她了！想抱抱她！"

我想，凡是读到这段话的职场妈妈，都能明白其中"难受"二字的意味，也都能回想起每日黄昏里的"归心似箭"，和一头扎进宝宝怀里的眷恋与满足……是啊，当我们或是因为喜欢或是因为不得已，选择生完宝宝重返职场时，我们也就同时选择了与宝宝半脱离的生活方式。也因此，我们会不断地被那个近乎无解的命题——职场 or 家庭，孩子 or 事业——所困扰，并时时被歉疚与焦虑偷袭……

那么，有什么解决方案吗？

作为一个母婴媒体的从业者同时也是两个孩子的妈妈，我自然也被这个问题无限困扰着，同时，也一直在尝试给自己以及给与我相仿的职场妈妈搜寻更好的方案。这本《职场妈妈平衡术》，无疑是我作为过来人看到过的最细致、最体贴、最实操的一本指导手册。

"五种方法帮你溜出会议室"、"搞定没孩子的上司"、"当你的孩子最后一个被接走"、"如何在面试中扭转乾坤"……怎么样，看到出现在书里的这些小标题，你就明白我讲的"细致"与"体贴"是什么意思了吧？

这本书还有一点非常打动我，那就是在这本由两位妈妈撰写的文字中，你可以读到一份难能可贵的轻松与欢愉。来看看这段："参加完一场电话会议，由于漏奶上衣胸部出现了两只'牛眼睛'，你的感觉真是糟糕透了。这个时候告诉自己：下次吸奶的时候一定会奶量惊人，创出新纪录！噢耶！"……于我而言，恰恰是这样一点点的"自黑"精神，让我们在得到操作建议的同时也收获了一份精神的抚慰和愉悦。这，正是我们最需要的。

对于这本好玩的书，实在不想做更多剧透了。在这里，我想邀请各位来跟我一道做另外两件对“职场妈妈”群体有着长远效益的事情，让我们在修炼自己的平衡术的同时，也为更多的职场妈妈创造更好的大环境：

其一，寻找一间对妈妈更友好的公司去努力工作，同时，努力让你的公司对妈妈更加友好。这里所讲的“友好”包括哪些呢？在我看来比较重要的两点是：1、更加灵活的作息制度和调休程序，帮助你在孕产期身体不适时或者宝宝生病需要照料时可以弹性安排时间；2、更加平静和公平的对待准妈妈、新妈妈的人文氛围，这可以让你不会因为自己的“特殊”而倍感压力。当然，与此同时，如果公司可以有更周到的硬件设施（如母乳喂养室）、更对位的员工福利（如育儿讲座）、更贴心的企业文化活动（如“带孩子上班日”等）就更理想了。

其二，坚信“妈妈”这个身份标识了职场上最优秀的群体，为之代言。这一点绝不是自吹自擂。要知道，只要我们能成为一位好妈妈，也就势必会是一位好员工。因为，孩子的到来，最大程度激发了我们的责任心与创造力；孩子的成长，帮我们学会反观和反思自己的优势与不足；家庭关系的日渐复杂，让我们时刻学习沟通、协调与包容；甚至，孩子带来的繁杂且不可控的家事，往往让我们愈加珍惜工作时间里的清净与自主……换句话说，我们已经选择了“做妈妈”这个最具挑战和成长的职业，其他的还有什么能难倒我们呢？

好了，话不多说了。带着我的祝福开启你的阅读之旅吧。祝你在阅读中化疲惫与焦虑于一笑。在合上书的一刻，能够感觉生活似乎比刚刚过去的那一秒又灿烂了不少。

加油，职场妈妈！

朱正欧
《父母世界 Parents》执行主编
两个孩子的妈妈

幸福职场妈妈的“断舍离”

对于妈妈们来说，职场与家庭似乎永远是一对不可调和的矛盾，同时也是手心和手背的关系，哪个也缺不了。

那么这是不是就意味着职场妈妈们注定要在两者之间疲于奔命呢?

《职场妈妈平衡术》这本书很好地解答了上述问题。很多妈妈认为，既要抚养孩子，又要坚持事业发展，也许我的人生会永远被幸福拒之门外了。那么我建议你马上就读一读这本书。

本书中的“平衡术”的精髓就是要请职场妈妈在很多方面进行“断舍离”：要做好 “断行、舍行、离行”。“断舍离”起源于瑜伽，本意是指断掉不需要的东西、舍弃放在家里没用的东西、远离对物质的迷恋，给自己更多自在的空间。每个人的内心也需要经常整理，归类，才能保持清静自在。下面是我对各位职场妈妈的建议：

● 与职场完美主义的断舍离

完美主义个性的妈妈们除了在职场上对自己对工作高标准严要求外，在宝宝降临之后，她们的潜意识里对丈夫、公婆甚至宝贝儿依然有着很高的标准。那么，把职场中的标准搬到家里自然也就是把烦恼带进家里。

而智慧的职场妈妈会做到适当降低自己的标准，也减少对家人和宝贝儿的要求，降低标准不就意味着降低了自己的身价么？绝对不是的，反而会更容易在家里获得幸福的感觉，会以欣赏的眼光看待自己至亲的人，让他们感到在家里是无拘无束的。没有条条框框限制的家庭才是幸福的。

● 与职场烦恼的断舍离

在职场中，因为女性特有的敏感、直觉、细致、认真，容易捕捉到负面的信息而产生抱怨、烦躁等情绪。职场上的这些负能量往往是潜在的，不容易被察觉。所以很多职场妈妈就会不知不觉地中招，把这些负能量带回家，带给家人和孩子。

智慧的职场妈妈会及时发现这些负能量的存在，随手把这些负能量丢在办公室，丢在回家的路上，或者扔在家门外。而当她们打开家门时会带着满面的笑容，给跑过来迎接她的宝贝儿一个深深的拥抱。

● 与过去生活的断舍离

很多职场妈妈在宝贝儿驾到后，感到生活完全被打乱了，没有了过去从容的节奏，没有了饮咖啡品酒品茶的时间，购物不再是一种享受而变成了购买生活必须品的折磨，闺蜜们被疏远了……想到过去生活种种的好，职场妈妈不禁会眉头紧锁。

而智慧的职场妈妈会怎么做呢？与过去的生活告别，接受现在的急匆匆的节奏，接受现在紧凑的时间，接受现在的一切，因为这是让内心平静最好的办法，有更多的精力去享受不同的生活方式，因为在新的生活方式中获得了与宝贝儿一起成长的宝贵时光，感受到了逐渐成熟的自己。

《职场妈妈平衡术》所要表达的核心态度与“断舍离”意识不谋而合，职场妈妈要做好断舍离的准备，并且随时能够意识到要进行断舍离的事物，才能平衡职场与家庭的关系。而本书也提供了具体的方法，值得职场妈妈们深入阅读。

韩海英

中国科学院心理学研究所博士后

中国心理学会注册心理师

《健康时报》特约心理专家评论员

Nisham

1

宝贝驾到

从化验单上看到加号的那一刻，一切都改变了——你就要当妈妈了！

该来的总会来。尽管有足足九个月的准备时间，但你仍要面对怀孕带来的种种变化，啊，首先、立刻、马上影响到的是工作。啊！啊！

虽然很多妈妈以前都有过此类经历，但你无疑是最幸运的那个，因为你遇到了这本书！下面的方法专为职场准妈妈们而设，帮助你应对这段时期所面临的巨大挑战。

告知老板

和家人朋友分享这个好消息当然是件容易事，他们笑逐颜开，拥抱你，恭喜你，甚至喜极而泣。然而，你的老板和同事要是知道了这个消息，反应或许就是另外一种情形了。他们会担心由于生育你可能无法继续工作，或者质疑你以后还能把多少心思放在工作上。所以，你要等心态平和、做好充分准备后，再把怀孕的消息告诉他们，这样才不至于使自己承受太多压力。如果想要把握最佳时机，需遵循以下指南：

公之于众之前　认真阅读劳动法中有关员工的产前、产假和产后政策。

八周　如果孕期反应大，呕吐现象严重，或者你属于高危产妇，要尽早通知你的老板，这样单位可以提前安排相关工作事宜，以免由于需要延长休假时间而影响工作。如果体力上的确吃不消，或者需要诸如减少外出公差之类的特殊待遇，都需要及早与老板沟通。如果你自己就是老板，八周的时间足够你计划好在孩子出生前需要做哪些准备工作，以及找好人手在你不能工作的时候来顶替你。

对所有新妈妈的一句忠告是：认为孩子在你身边爬来爬去的时候还能安心工作的想法是不现实的。

十二周 大多数女性会在流产风险降低后，才告诉同事她们怀上了宝宝。资料显示，80% 的流产都出现在孕初期的十二周之内。

二十周 如果你迟迟不公布怀孕的消息，到了二十周的时候，恐怕你就无法轻易遮掩凸起的小腹了。你还不确定单位是否会照顾你，对吗？本周就是揭晓答案的最佳时机。

挺过工作日

孕期总是有一些反应的，例如静脉曲张、排气、水肿、痔疮、脚踝变粗等，容貌也没有原先那么美丽了，还有随时袭来的困倦。不过，无论如何，怀孕注定是一段美好的经历。孕育新生命需要孕妇提供强大的物质基础，身体自然也会发生很大的变化。作为孕妇，你可别想着逞能，你所应该做的就是——顺其自然。怎么个顺其自然法儿呢？

至少比平时早睡一小时 如果你习惯了每晚 10 点左右上床睡觉，那么现在 8 点就爬上床也没什么大惊小怪的。白天找时间小憩一下，即便只有 15 分钟其效果也会很明显。如果有独立的工作空间，关门小睡一会儿。或者偷偷溜到停车场，钻进你的车在后座上睡一觉（注意空气流通问题，在车里休息时间不宜过长）。再或者找个没人的会议室，锁上门安心睡。记住一定要保持充足的精力哦。

通过健康饮食保持精力充沛 当你想狂喝冰奶昔的时候，尽量忍一忍吧。蛋白质、谷物、水果和蔬菜都是这一时期对身体健康更为有益的食物，可以为肚子里的小宝宝提供更多的“正”能量。

小调查

什么时候告知老板你怀孕的消息？

36%

在 12 周之前

55%

在 13~20 周之间

9%

在 21 周之后

妈妈经

对于在小公司上班的女性来说，孕期和产后面临的情况更复杂一些——我就是一家小公司里第一个怀孕的女性！对于打算做妈妈的职场女性来说，选择一家有完善良好产假政策的公司更加明智。

补充水分 一定要多喝水。水分不仅可以将营养物质输送给宝宝，而且身体不缺水的话可以减少早产和流产的概率，有助于缓解恶心的反应。

健身 不要久坐，站起来伸个懒腰，走一走，稍事休息，哪怕只有 5~10 分钟的时间。午饭时间或下班后做做孕妇瑜伽或游游泳都是不错的选择。舒缓的运动可以防止水肿，保持精力，有益睡眠。此外，健身还将使你胃口大开哦。

避免恶心

为了减少恶心和呕吐，每顿饭不要吃得太多，要做到少食多餐。不吃油腻、辛辣、过酸或油炸食物，这样能够使胃感到舒服。手头可以常备些零食——可以考虑大杏仁或者饼干。也可尝试使用针灸等手法来缓解孕期肠胃的不适。开会的时候，嚼点姜糖，喝点热乎乎的姜茶、姜汁饮料（含有姜成分的那种）都会让你更舒服些。

此外，这个时期你的嗅觉和警犬有的一拼——离你八丈远的工位飘来的火腿三明治味道都能让你有立马想冲到卫生间呕吐的冲动，这种超能力有时真是令人讨厌。因为热的食物的味道更浓，所以可以尝试吃凉一些的或者与室温相当的食物。尽量不要待在闷热不通气的房间，也要避开各种刺激的气味。

精心着装

你第一次去孕妇商店的时候可能有点上火星的感觉，但是就算一边吃着零食，一边给姐妹们发着短信，你也能蒙着眼睛找到孕妇装的货架。你现在是职场准妈妈，所以你依然想让自己看起来和平时一样靓丽。怎么做到呢？

- 买几件中性色调的职业装，可以混搭的那种。

- 买大小合适的孕妇装，不必考虑怀孕前你的身材如何。
- 购买腰部宽松的上装、裙装和无袖衫。产后你也会愿意穿它们的。根据不断变化的身形购买不同尺码的衣服，产后穿着也比较宽松。
- 饰品！鲜艳的围巾、长项链、手镯都可以使你看起来神采焕发，把人们的注意力从你的肚子上引开。不过，这些配饰不要同时全戴在身上。
- 在工作场合露出一截肚皮来是很不得体的，孕妇也不例外，不管你的肚子看起来多么可爱！

妈妈经

我本以为生完宝宝后就能穿怀孕前的衣服。天啊，我错了！

初为人母

对于即将成为爸爸妈妈的人来说，有几件必须要做的事情。为人父母可不像决定婴儿房的颜色那么有趣，而是需要更多实用性的技巧。一旦有所准备，你会感觉好很多。

写一份遗嘱 用最简单的格式写一份遗嘱，以法律形式说明一旦你或者你的配偶不幸发生意外时，由谁来担任孩子的合法监护人。注意：立遗嘱可能会引发夫妻间不愉快的谈话，如“你姐姐不能带孩子。她有一只疯狂的松狮犬，而且她家有股臭牛奶味！”在做公证之前，一定要和选定的监护人沟通好。

人寿保险 单位里可能帮你上了保险，但是大多数父母都还是会选择定期寿险加以补充。做做功课，咨询一下理财顾问，计算出最合理的家庭保障保额，通常为你年薪的 10 倍。

储蓄 传统的储蓄计划能减少突发状况带给家庭的压力，平稳度过困难的日子。通常的做法是保证至少能够应付 6 个月的日常开销。

产假怎么休？

国家有法定的产假制度，不同的行业和单位也会有一些不同的规定。总之一旦你生了宝宝，就可以休假。而如果你愿意的话，还可以考虑延长产假。

- 直接说明。调查中受访的职场妈妈有 30% 称她们曾向单位申请比法定产假时间长的休假。
- 当产假结束后，提出在家工作一段时间。
- 问一问是否可以通过缩短工时或每周工作时间，来逐步恢复全职工作，比如开始每周工作 3 天，然后逐渐恢复全职工作。

产假的长短

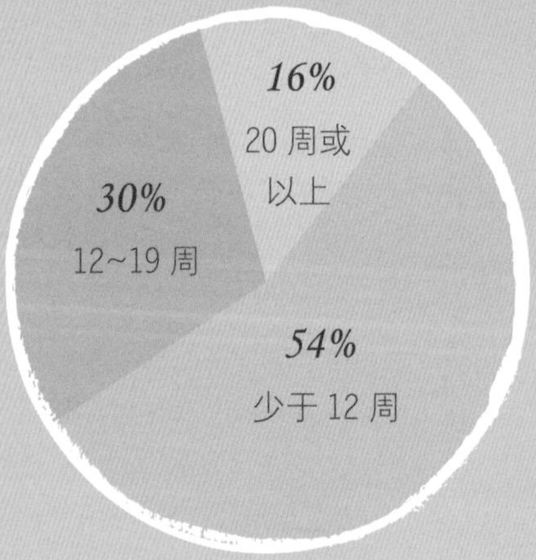

带薪产假长短

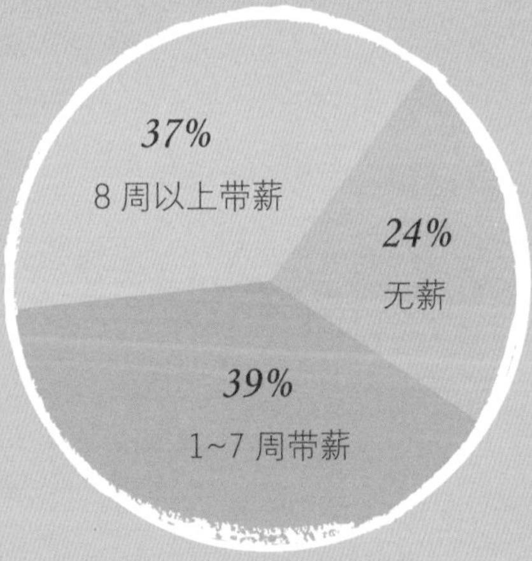

产前总动员

在休产假之前做好计划，可以大大减轻你在这几个关键时期里所面临的压力。你可以按照自己的实际情况进行调整：

现在 无论是自己怀孕生产还是即将收养孩子，你都要弄清楚你可以休多长时间的产假。从现在就开始攒假期。如果你是个体经营者，算一算实际上你能休息多长时间。

二十周 将所有短期和长期需要做的事情列个清单。确定你需要优先处理的事务。然后按照轻重缓急行事。

二十五周 和老板沟通一下，商量好在产假期间你的工作将如何处理。确定是否需要再雇佣新人，还是把你的工作分给其他同事。

二十七周 对照工作清单，为每一项工作推荐最佳替代人选。将最重要的工作优先处理。

二十七周 在办公室找个盟友，最好是一个已为人母的同事，在产前和产后能在工作上帮你一把。

三十周 告知所有与有你有工作往来的人你休产假期间的安排，以及在你休假期间他们应与谁联系。

三十一周 逐渐把产假期间不想留在办公室的所有个人物品拿回家。

三十二周 确定哪天是产前最后一天工作日，并告知相关人员。确保每天下班前收拾好办公桌，以防第二天突然由于预产期到了而不能去上班。

三十三周 培训接替你工作的同事，开始移交工作，以便在他们熟悉工作的过程中，你能随时回答他们的任何疑问。

三十四周 同事们随时可能在办公室为你举行宝宝送礼会，要做好心理准备！写好感谢卡。宝宝出生后你就无暇顾及这些了。

找谁看孩子？

不管你是倾向于专人看护还是送托儿所，选择看护宝宝的方式取决于宝宝的年龄、费用、时间和便利程度。这可能是你第一次感受为人母的本能，听从你的内心，这是靠谱的！除非有亲属或朋友可以为你提供建议，否则请你借鉴本书。用这个图表找出适合你的选择：

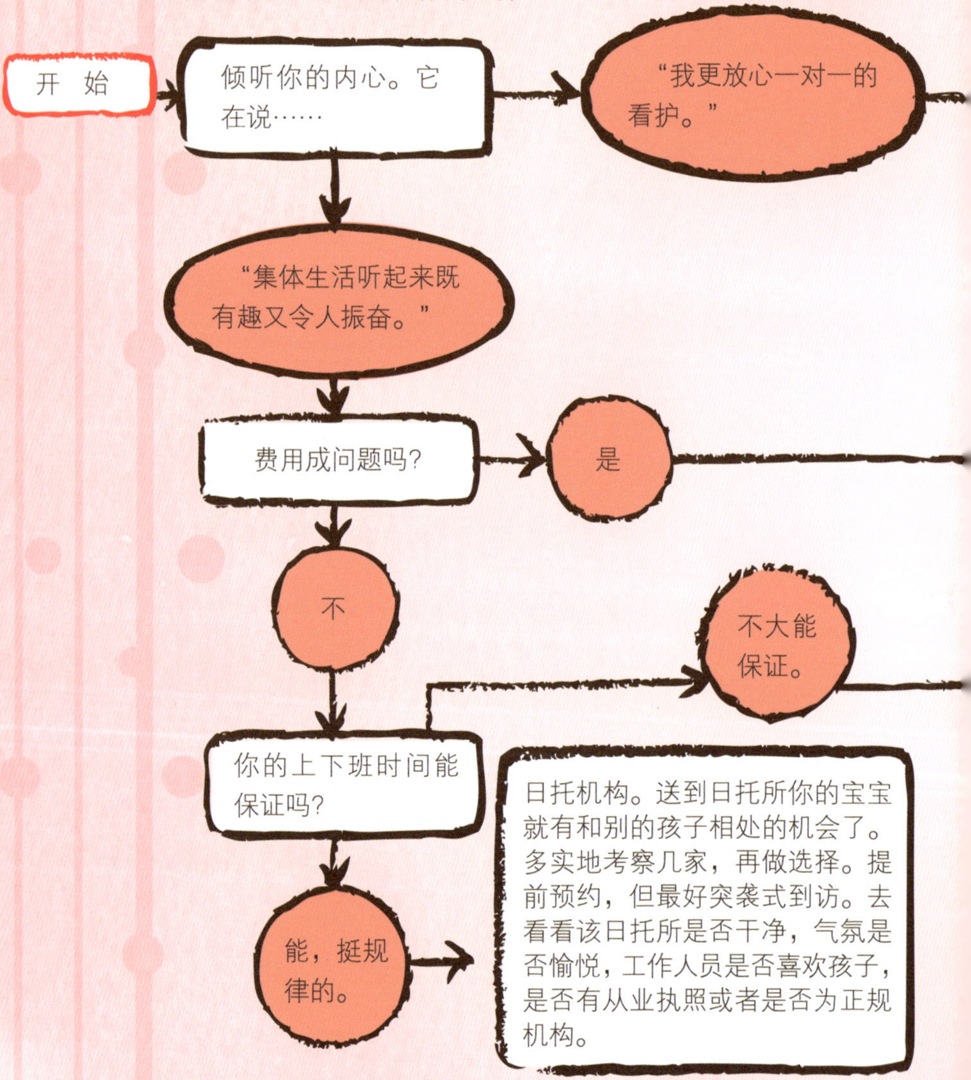

费用成问题吗?

不

专职保姆。你的宝宝会得到更多的私人关注，但是却少了群体互动。你的时间更加灵活，不用跑来跑去，但费用比较高。需要注意的是，弄清楚保姆的背景十分重要。

是

有没有亲属愿意帮你看孩子?

有

由亲属看护。宝宝将会和你信任的家庭成员建立起特殊的情感联系。因为这并不是雇主和雇工的雇佣关系，你要想一切按自己的想法行事，难度会很大。好好权衡一下，一个是要承担的潜在压力，一个是节省了开支。

没有

你愿意考虑小规模的群体看护吗?

人数必须要少。

保姆共享。如果你和邻居有同龄的宝宝，不妨共同雇佣一个保姆，分摊费用。很重要的一点是你们要有相似的育儿风格，彼此沟通顺畅，因为你们需要在雇人和很多问题的处理上达成一致。

是

家庭看护所。在看护人的家里看护着一小群孩子。家庭看护所之间存在着差异。所以，事先要查看是否有当地的从业许可，调查一下背景，还要听取和借鉴他人的意见。

面对各种“关心”

在你怀孕期间，一定会得到家人、朋友和同事给予的各种支持、关心和建议。然而，同时也要有心理准备，各种各样的“真诚建议”从四面八方涌上门来，可不一定全都值得采纳。无论是在单位、在家还是在购物的时候，你都可能遇到以下类似的情况。

宝贝故事 每个宝宝的出生都有一段故事。每一段故事中都有一个女人认为你必须听听她的意见。当然，有的是有益的。然而，至于说脐带绕颈会导致婴儿窒息而死，新生儿一天只睡十分钟的说法，则是毫无益处的。在单位，你要避免和他人的眼神接触，径直走，或者接听手机电话，这也可以让你自己获得宝贵的独处时间。如果你实在被逼得无奈了，可以用一句“谢谢你的分享”打断对方，借口去洗手间而离开。

经验之谈 “当你的妈妈、婆婆或婶婶、阿姨怀孕带孩子的时候，就不需要出去工作，为什么你就要工作？”“嗯，她还抽烟，下午 4 点要喝点葡萄酒，但是时过境迁，现在情况大为改善。”你听到的意见可谓五花八门，甚至荒唐不经。所以，这时你就需要启用你的新妈妈过滤系统了——选择你想要的，其他的一概过滤掉。

难堪问题 谁说不是呢？生宝宝的确需要“全民总动员”，但是这并不意味着真的是全民、所有人——尤其是你的老板和同事——都需要知道你是否想顺产这件事。不置可否地终止那些不恰当的疑问，一句“看情况吧”，然后微笑着走开。

妄加评论 如果再有一个人说你看起来会生双胞胎，你可能就要爆炸了。毫不顾及他人感受的话真是说者无心，听者伤神。与其在洗手间伤心落泪，还不如神采奕奕地回来，和闺蜜分享那些无稽之谈，然后你们开心地大笑一场。

击退恐惧

也许你会坐在办公桌旁傻傻地天马行空地想象，从宝宝开心的模样到所有可能糟糕的状况。别去“百度”那些令你紧张不安的情况。选择一两本口碑好的孕妇书或者育儿网站，去寻找可靠的答案。放心吧，孕妇头脑中出现这些负面想象都是正常的。我们也都经历过，送你两个字：淡定。

接受那些你无法控制的事 当然，你会全力以赴确保宝宝的健康和生产时母子平安。然而，你却无法控制生产的过程，就像你无法控制蹒跚学步时的宝宝旺盛的好奇心一样。

这种如临大敌的气氛尤其令职业女性感到崩溃，因为它不同于你平日有序的工作程序。在单位，表格数据会自动累加，会议会定时召开，任务将由你委派……而且你知道自己在做什么，因为你有经验。可是一想到生产……哦，如果你感觉自己开始担心害怕了，深呼吸，走到室外，清醒一下头脑再回来工作。

处理情绪问题 如果你紧张得透不过气来，那么试着把你所担心恐惧的事情写下来，移出大脑。适当补充知识也可以缓解压力。或者向医生咨询那些使你产生恐惧的事情，包括家族史、你的年龄或任何你读到、听到的令你担心的事。如果你仍心存忧虑，找心理医生聊聊，以消除产前焦虑或抑郁。记住，大多数孕妇都会安然顺利地度过孕期的。

小调查

你孕期最担心的事是什么？

回答最多的前三个担心事：

63%
宝宝的健康

15%
我能做个好妈妈吗？

10%
为经济问题焦虑

重返职场倒计时

四周　做好宝宝由谁来照顾的安排。做好自己的计划，确保第一候选看护方案，一个不行，还要有第二候选和第三候选才可以。

三周　筛选一遍适合产后穿的衣物。看看哪些孕妇装产后还可以穿（穿起来过大的、褪了色的或者穿上身以后显得邋里邋遢的就算了吧），能否从朋友那里淘些衣物，或者考虑买一些基础款的衣服应对一阵，直到身材恢复到孕前状态。另外，合适的内衣很重要，不可凑合，还要准备内衣胸垫。如果你打算在单位吸奶的话，多买一个吸奶器放在办公室。

两周　给你在单位的死党打电话，了解单位的最新动态。这样在你回去工作的时候就不会手足无措了。你也可以在复职之前顺路去单位看看，和同事们见个面聊聊天，而且同事们也都能看看你的小宝宝。

一周　试运行一下。让看护人来到家里，或者把宝宝放在托儿所几个小时，你出去喝杯咖啡或者外出办点事。暂时和宝宝分开一下，有助于你适应新妈妈的改变（例如出门多长时间），也让你有机会了解看护人是否能令你满意。可以中途随时回家或回到托儿所，如此出其不意的做法能够让你了解更真实的情况。

产后 & 产假

如果你认为产假就是休假，可以借机种花养草，重新布置布置书房，或者学一门外语，那么你就要失望了。虽然新生儿每天要睡16~20个小时，可问题是他们不会连续睡那么久。喂奶、拍嗝、换尿布、包襁褓、不停地抱着，所以你基本上没有时间或精力做其他事，除了抓紧时间睡一会儿。

与世隔绝

除了全天候待命和压力山大的感觉外，与世隔绝可能也是一个严重的问题，尤其是你过去已经习惯了办公室的忙碌。在我们的调研中，28% 的职场妈妈表示自己有种与世隔绝的感觉，37 % 的职场妈妈说她们在产假期间没有获得足够的支持和帮助。以下是提供给新妈妈应对“孤岛”状态的方法：

和其他新妈妈沟通 加入一个新妈妈群组（论坛、QQ 群或微信群），这样你就有一个可以彼此分享相似经历和感受的女性网络了。有这群姐妹做“回音壁”——即便是半夜在线讨论宝宝便便的颜色——你也会感觉自己不是一个人在战斗。

外出活动 把宝宝放在推车里或绑在身上，出门散散步。感受日光可以帮助宝宝学习分辨白天和黑夜的差别，户外活动和新鲜的空气也会让你精神放松。

与时俱进 即便你对时事新闻不像从前那样感兴趣，隔几天也要稍微了解一下。这会让你感觉自己不那么像山顶洞人，尤其是在你重返工作之后。

放不下工作

过于频繁地查收公司邮件，看不到手机就心慌慌，总打电话询问单位情况，这些都没法让你平静地度过产假。

小调查

宝宝出生后最出乎你意料的事情是什么？

46%
精疲力竭

32%
喜出望外

23%
宝贝无时无刻的需要

以下做法将帮助你把注意力更多地放在亲子关系上，而不是单位那些你缺席的会议。

● 宝贝一出生，请家人通知你的同事、闺蜜帮你在单位公布喜讯。当你和宝宝回家后，用宝宝的照片来更新近况。

● 告诉闺蜜们只有发生重大变故的时候才通知你，不包括办公室八卦、食堂的新菜式，或者某某人最近胖了八九斤就幸灾乐祸这样的事情。亲爱的，你应该知道的是最近她都吃了什么才胖成这样。

● 千万别因为担心错过了工作中重要的事，而不停打电话或者直接去单位。相信我，其实你什么也没错过。

小调查

产假期间，你多久和单位联系一次？

47%
总共有那么几次

26%
每周一次或者每周几次

22%
没有联系

5%
每天

我真的要回去工作吗？

当初计划产假的时候，你确信自己一定会回去工作的。但是，现在你处于观望状态。在调查中，40% 的受访者表示这个问题令她们很纠结。如果你在心底里希望自己可以在一段时间内不用工作的话，请考虑以下问题：

我能否承受停工带来的经济问题 计算一下，请保姆、交通、餐费以及其他相关费用大概共有多少？如果你没有收入了，家庭预算会是什么情况？

我的事业会受到多大影响 和其他有相关经历的妈妈聊聊，暂时停工对你的发展有多大影响？你的收入怎么办？如果你要一直疲于应付经济问题，那么可以读一些女性理财与事业规划的书籍。

单位的工作弹性度怎样？ 如果你不准备回去工作，问清楚单位能否给你延长假期。只能和宝宝待在一起的三个月的产假肯定是不够的，要是能有六个月就会好很多。或者，你现在就准备回去工作，但是需要一个过渡期或一段时间进行调整。看看有没有可能做段兼职或者一周内有几天在家中工作。

怎么做对家人才合适 最后，要由你自己来决定是否回去工作或者调整工作方式，以更好地和新家庭相融合，比如说做自由职业者或者自己创业，哪个是适合你的决定呢？还记得传说中的妈妈直觉吗？你的直觉在告诉你什么？倾听你内心的声音。

活在当下

关于做父母的辛苦有这样一种说法：日长，年短。新妈妈们总是累得筋疲力尽，常常沮丧不堪。不过，这段时间也是最宝贵的日子，因为小宝宝会不断地给你带来惊喜：当你给她喂奶的时候，她看着你的样子，她第一次真正露出的微笑，给宝宝换尿不湿却发现尿不湿太小的时候（昨晚穿着不是还合适的吗?!）……你的先生也会给你带来惊喜：看着他和宝宝在一起是那么甜蜜，你们常常谈论宝宝的便便，每天至少给彼此打三通电话，聊着宝宝的最新情况……

你的产假是给自己的最好礼物：你可以有机会集中精力心无旁骛地去营造一个真正意义上的家庭；这也是让从前的你和现在的你交朋友的最好时机。在生宝宝前，你的身份更多的是和工作以及你所取得的成就紧密联系在一起的，然而现在，你的身份有了全新巨大的改变：成为一名母亲。

我们并不是说你的工作会丝毫不变。从积极的一面看：事情可能会发生变化，也许是因为你想要它们发生变化呢。你的生活重心可能会有些许调整，这很不错啊。你可能需要做些尝试甚至犯些错误，才能搞清楚如何成为你想成为的职场妈妈。这同样也很好啊。

妈妈经

重返职场比我预想的简单多了。自从当了妈妈，我的工作更出色了。因为我知道在去托儿所接孩子前，我需要在有限的时间内把工作完成，所以我比以前工作得更专注、更有计划性，效率也更高了。

2

重返职场

是时候重返职场了。感觉内疚、开心，还是忐忑？和曾经设想的不一样，是吗？请深呼吸。记住，有超过一半的新妈妈都会在宝宝不到1岁的时候，带着一颗纠结的心重返职场。

留在家里的小宝贝儿像根无形的线牵扯着我们。坐在办公室里是不是很难把注意力集中在面前的表格上？即便是那些开开心心回到工作中的妈妈们，虽然每天在单位里也期待午餐休息时间，令人振奋的时刻和热衷的话题，但依然会在不经意的时刻感到一阵阵的自我否定和沮丧。尽管我们的心情会不可避免地如此跌宕起伏，好在这一切都会朝着越来越轻松的方向慢慢发生变化。也许下面的方法能够帮助你度过回归职场最初几周的不适，不妨尝试一下！

- 说服自己“在没有真正达到目标之前将它淡化一下”。在说“回来真好”的同时，别忘了对自己再说上一句“我很好！”。

- 随时准备“轻松一下”。复职后至少第一个月是很难熬的，做好心理准备，千万不要自责。如果你需要听到支持的声音，就给老公或者朋友打电话吧。

- 记住，你所做的事情无论对你自己还是家人都是非常有益的，你正在努力为你的宝宝提供尽可能好的未来生活。

- 想象你正在树立一个怎样的榜样吧——一名经济独立且有抱负的职业女性！

- 当你忙碌了一天回到家看见宝宝的时候，感激并珍惜那美妙的感觉吧。

自身克服分离焦虑症

说起婴儿分离焦虑来，其实泪流满面、要抱抱的那人更有可能是你。在我们所进行的职场妈妈调查中，67% 的受访者承认在回归职场的最初时候都有分离焦虑症。而宝宝是不会有事的。你可能需要一段时间来调整和适应。一旦看到宝宝开开心心茁壮成长的时候，你的情绪就会稳定下来。下面是一些缓解焦虑情绪的小妙招：

- 在办公桌上放一张宝宝的照片。请孩子的看护人时不时拍几张照片发给你。

- 要知道只要看护人充满爱心地给宝宝喂奶、换尿布、呵护照顾，宝宝和他们待上一个白天是不成问题的。这并不意味着你被取代了，而只是说明宝宝的生活中有更多的人在爱着、照顾着他（她）。

- 没有任何科学证据证实妈妈出门工作会对宝宝造成任何伤害。美国儿科学会认为，情绪调整良好、拥有爱、得到精心照顾的宝宝无论母亲是否在外工作，都会茁壮成长。

进展不顺利怎么办

在产后 1 年之内，20% 的新妈妈有可能出现产后抑郁的现象。由于情绪波动和疲劳等症状在产后司空见惯，所以产后抑郁症很难确诊。如果你有过度悲伤或内疚、口味改变、失眠、焦虑、易怒等感觉，或者就是觉得哪里不对劲儿，务必请立刻去医院就医。求助他人对你和你的宝贝来说都非常重要。

妈妈经

我是一名工程师，孩子们还小的时候，我每天一边工作，一边惦记着身在托儿所的他们。现在好了，我知道他们在大学里，每人的肩膀上都扛着一个聪明的脑袋瓜。

小调查

重返职场后，有38%的妈妈马上不再照顾宝宝，而其余62%的在职女性，她们照顾宝宝能够持续的时间如下：

9%
2~3周

6%
4~7周

5%
8~11周

4%
12~19周

5%
20~23周

19%
6个月到1年

13%
1~2年

2%
2年及以上

关注宝贝要适度

无论你的宝宝是在托儿所还是由保姆带，上班的时候你总想知道宝宝每时每刻的情况。你可以向看护人提出明确要求，哪些情况下务必给你打电话，比如宝贝不舒服了，啼哭不止，或者受伤了；你也可以每天在固定的一两个时间段了解一下宝贝的情况。千万不要每隔1小时就打一通电话，这样只能加重你的焦虑情绪。

不要要求看护人和你视频汇报或者递交宝贝每天一举一动的细节记录。看护人应该把工作重点放在照顾孩子身上。当然，你可以要求她关注一下宝宝每天换尿布、喂奶、睡觉的次数等等。如果可能的话，也可以在你和保姆之间安排出时间，对一天中宝贝的情况做个回顾。

还有一个万万不可取的举动——监视。在托儿所安装一个监视器？如果你强烈希望用高科技手段来监视保育员的话，请三思而行。如果你采取监视措施的话，那么你的情绪能否保持淡定就要取决于保育员对宝宝的照顾程度了。如果你真的不放心，就去物色一个你能信得过的人好了。

母亲的本能直觉是很微妙的，当它首次出现在你身上的时候你可能都意识不到。如果你对诸如宝贝的行为或发育有关的事情感到不安的话，去和你的老公、儿科医生或者已经做了妈妈的朋友谈谈。一旦你收听到自己的直觉，它所透露给你的信息将会令你惊讶。

内疚罪名不成立

重返职场后，你可能会发现自己的负疚感突然升级。在我们的调查中，三分之二的受访者表示由于工作不能照顾孩子而感到内疚。身为人母，任何事情都有可能让你心生内疚，比如不能为宝贝干这个干那个，比如暗自喜欢在公司的工位上独处的时光……在家的时候想着工作；工作的时候又想着家。唉，所有这些都会让你倍感歉疚。然而，内疚感如果不消除，它便会消耗你原本可以用在别处的精力。试试下面的方法吧：

（转25页）

是时候请人来照顾孩子了

作为一个在职妈妈，请别人照顾孩子是不可避免的。具体选择哪种方式取决于你的决定。想知道别的妈妈是怎么做的吗？以下是我们所做的一些调查数据，受访者是和你有相同经历的妈妈们：

每周你平均花多少小时来照顾孩子?

你选择的是哪种幼儿看护方式?

45%
全日制幼儿看护中心

27%
父母或其他亲属

19%
兼职护婴员或小时工

17%
全职保姆

14.5%
非全日制幼儿看护中心

妈妈锦囊

吸奶器，是哺乳期的在职妈妈需要随身携带的一个新物品。在调查中，我们向经验丰富的妈妈们请教了她们认为的最好的方法。希望下面的建议能够对你有用：

耐心＋坚持，你一定能行！

关于吸奶器

“选购吸奶器时不要图便宜，尽可能买最好的。”

“在家里和单位各备一个。这不仅省去了拿来拿去的麻烦，也不会因忘记带而手足无措（没听说过新妈妈傻三年，脑子不好使吗，哈哈）。”

“在单位多备一套吸奶器需要清洗的配件。这样一来，‘时间紧’‘来不及’的各种状况都不会令你尴尬哦。”

“购买一套免提吸奶紧身胸衣。当你意识到你可以一边吸奶一边核对账本的时候，你就不会觉得这种胸衣看起来很傻了。嗯，酷毙了！”

“在办公室放一件备用内衣、一条长裙、防溢护垫，以防漏奶。”

为吸奶做准备

注意：在休产假的时候，就要学会用吸奶器吸奶。

宝贝出生前

购买一两只吸奶器和备用配件（参考上述建议）。可以考虑自动式的。打开包装盒，检查质量，清洗配件。认真阅读使用说明。

宝贝两周时

因为早晨奶水最充足，所以每天早晨吸一次奶，邀请丈夫和你一起给孩子喂奶。如有必要，尝试不同的奶瓶和奶嘴。

宝贝一个月时

自由选择：每天吸几次奶，把奶冷冻起来，为上班后做储备。冷冻前，使用双层储奶袋，并标注日期。使用的时候从日期最久的开始用起。

温馨提示

“如果单位没有哺乳室，你也没有独立的办公室，不妨提前申请单位安排一下。”

“坚持哺乳。合理安排日程表，积极确保吸奶时间。”

“慎入便签可以提醒他人不要擅入你的办公室。”

“一到单位就准备吸奶。因为早晨奶水比较充沛，一旦你开始工作，就不大可能有时间去吸奶了。”

“无论工作有多忙，都要保证吸奶。长时间憋奶有可能导致乳腺炎。”

“在吸奶袋上贴上宝贝的照片，这有助于乳汁分泌。或者一边吸奶一边看手机上宝贝的视频。”

“可以考虑学学用手挤奶。遇上特别紧急的情况，为了消除压力可以在洗手间操作，直到能用吸奶器吸出奶。”

难免有意外情况，别在意就是。

放轻松。紧张只会让情况变得更糟。

产假结束前夕

和看护人一起储存母乳、解冻、给宝贝喂奶。给看护人建立一套流程，记录宝贝的吃奶量。

重返职场时

记录每天的吸奶量，了解宝贝的吃奶量。如果需用配方奶粉做补充的话，也不要有压力。母乳不论多少，都是最珍贵的。

随时

宝贝能适应新的吃奶或者挤奶时间。逐渐减少吸奶次数，但还要保持最基本的喂奶时间，例如上班前和下班后。

心态决定一切

在职妈妈的生活每一天都不轻松，但是我们还是要从“暗无天日”的境况下发现好的一面：

所有的衣服都穿不进去了。

告诉自己你一定能再次穿上那些衣服的，只不过暂时要穿些别的。还等什么，买衣服去喽！

参加完一场电话会议，由于漏奶上衣胸部出现了两只“牛眼睛”，你的感觉真是糟糕透了。

告诉自己下次吸奶的时候，一定会奶量惊人，创出新纪录！噢耶！

你不在家的时候，你的宝贝第一次吃了豌豆泥。

告诉自己周六早晨你要在家亲手喂宝贝第一次吃南瓜蓉。

你深信不疑自己的宝贝妞妞 3 岁前肯定需要心理治疗，并因此常常内疚。

告诉自己妞妞和小伙伴相比起来其实已经走在前面，因为其他人可能得到 20 岁出头才有机会去看他们自己的第一个心理医生。

当你完全无法容忍别人的胡说八道，而对上司翻了白眼，把客户电话挂掉的时候。

告诉自己至少现在大家都能体谅你的感受。

又是一夜辗转失眠，在每周预算例会上你禁不住打起了瞌睡。

告诉自己每个人都应有至少 10 分钟的纯粹享受。

今天的工作邪了门似的多，团团转了一天，累得性欲全无。

告诉自己这是一个绝好的补觉机会。

问问自己"为什么？" 搞清楚自己内疚的原因。担心自己没有别的妈妈做得好吗？或者你不知道自己怎么做才是对宝贝最好的？如果出现这些恼人的想法，不妨念上一个小咒语，会有帮助的，比如"我是宝贝最好的妈妈"。刚开始可能会觉得有点儿俗套，但是这句话很快就会变成信念，而信念将会转化为自信。

坚定立场 如果有人让你产生了内疚感，要坚持为自己辩护。例如你的母亲认为你应该像她那样每天晚上6点把晚餐做好，首先你要承认那样做的确很好，同时也要提醒母亲你的生活和她的生活不同，你的家庭要能接受你的做法。

原谅自己 你可能会因为该做的事情没有做而纠结，比如像给孩子读书的事情；你也可能会因为做了不该做的事情而纠结，比如朝丈夫大吵大叫。保持平和，接受你自己并不完美的事实，找机会道歉，试着下次能够做得更好些。

不要陷入内疚 内疚感的来袭防不胜防。仅仅是意识到这种情绪的出现也有益于消除内疚。你可以试着用自己最喜欢的方式缓解压力——跟着视频做瑜伽、编织、刺绣、给宝贝唱歌、找朋友聊天。如果极度内疚使你感觉抑郁、焦虑，甚至出现暴饮暴食的话，务必立刻去看医生。

一切恢复正常

俗话说苦尽甘来。生完孩子回归职场打拼的确很不容易，但是风平浪静的日子并非遥不可及，呵呵，那就是当你的孩子大学毕业的时候……

妈妈经

通过工作或者打拼事业来自食其力、养家糊口，你不仅不必因此而内疚，恰恰相反，你正在给自己的孩子树立一个光辉的榜样。

职场生存

试想一下这个场景——丈夫的膝盖手术和你的大型销售展示会碰巧在同一天进行；孩子又是第一天上学，小朋友满脸挂着离开父母的分离焦虑；你的经期提前了四天。天哪，真是无比糟糕的一天，又或许这样的生活状态，对于一个职场妈妈而言，只是生活中极为普通的一天？

作为职场妈妈，你虽然无法预见未来可能遇到的每一个问题，但是有一些职场上常见的状况都需要你能 Hold 住。巧妙谨慎地应对这些潜在的突发状况，正是职场妈妈和职场女生的区别。你手握着职场妈妈生存和发展的必备“利器”吗？当然具备！只要知晓如下须知即可：

应对临时会议

上司通知下午五点半召开紧急会议，恰好是保姆要下班的钟点。你并不想让自己看起来是一副着急下班的样子，也不愿意在这么重要的临时会议中缺席，那么就尽自己所能为这个会议做好准备吧。记住，你是处于家里家外的“双面人”：当宝贝在家发烧的时候，你想的是一下班就走人；而当上司要突然开会的时候，如果可以，你就得留下加这个班。

未雨绸缪　提前和上司、丈夫、托儿所或保姆商量好如何应对突发问题：和丈夫商量好，如果接孩子的一方不能按时去或者两个人都不能接孩子的时候该怎么办。由于夫妻两个都可能因临时工作缠身而无法离开，所以白天务必要保持联系，加强沟通。

如果有保姆的话，请事先谈好一旦你和你的丈夫都不能按时回家带孩子该怎么办。她能否多照顾孩子一会儿并由你支付事先谈好的加班费？或者能否帮你把孩子带到邻居家等你？如果你经常晚回家的话，为了公平起见调整一下保姆的下班时间。如果孩子去的是托儿所，你要了解迟接孩子的政策，通常这是需要支付额外费用的。可以考虑和其他家长共同计划一个互助方案，以防谁有突发事情而无法按时接孩子。

还是不行？那么就寻求援军吧 所有的职场妈妈都应该在紧急情况下有个人搭把手。你的援军包括朋友、邻居、全职妈妈和其他的职场妈妈。相互帮助是一种美德。尽可能地去帮助你身边同样需要帮助的人，而且不仅仅限于只在她们出现紧急状况的时候。

如果援军也找不到的话，就要考虑能否参加会议了 能请谁帮忙记下会议笔记，事后供你参考和了解会议内容吗？这个会议能顺延到第二天早晨第一时间召开吗？或者你可以在家通过视频参加吗？在必须要照顾孩子的情况下，去寻求一些参加会议的变通方式，不必担心这样做是否妥当。

开会时别打瞌睡

职场妈妈通常都睡眠不足，尤其遇到孩子生病的时候，基本上就没什么觉可睡了。没办法，工作时间不要打瞌睡往往成为心中的愿望，尤其是开着没完没了的会，发言人喋喋不休地讲着关于办公用品和成本控制的时候，瞌睡虫便蜂拥而至。有办法不瞌睡吗？几个小妙招教给你：

准备充分 开会前 10 分钟喝杯水，吃一把坚果，伸展一下身体。如果你一整天都没有喝咖啡了，那么这时候摄入一点咖啡因也是不错的选择。

保持精神头儿 双脚平放，挺胸坐直。太随意、太舒服的坐姿会让你容易犯困，很快睡着。

妈妈经

我要送给各位职场妈妈的第一句忠告是：不要害怕开口求助！你的同事、朋友、亲人都可能会成为你的贵人，也许他们一个举手之劳就可以解决你的大问题。

让心跳加快 在桌子底下做抬腿动作，或者用握力器做手部锻炼，目的是使心跳加快，但是不要跳得过于剧烈啊。原地跑步就算了吧，那样所有参加会议感觉无聊的人都会注意你，而不只是发言的人了。

喝水 带一大杯水喝，这也可以让你有不停去洗手间的借口。

“锥刺股” 如果开始犯困了，我们虽然不能真拿锥子扎自己，但是可以拽拽自己的头发，掐掐自己，或者用笔戳自己也行。疼痛感会让你清醒起来。

适当“逃会”

根据工作情况，你可能经常要面临加班或者开加班会议。你知道，这些不但是不可避免的，而且常常在最“糟糕”的时间发生。做好准备，必要的时候逃过那些不太重要的会议。

如果你和某个客户很熟悉，那就直接说这个时间你不得不回家，邀请该客户第二天一起午餐。“实在是抱歉，我很为难啊”绝对是一个可以令人理解的说辞。没必要过多分享关于你的婚姻、孩子健康或者保姆等私人生活细节。向对方解释的时候简单明了就够了。

同样，你也会临时接到这样的通知——“你需要留下来直到把这件事做完。”当然，你无法拒绝。如果实在没有回旋的余地，看看是否有同事能和你一起做，好帮助你能早点下班。如果实在没有办法，你的丈夫也不能照顾孩子的话，赶快给你的援军打电话。

手头常备食物

翻腾孩子的零食篮子找早餐，一口气吃下好几天的剩饭，几天不喝一杯水，这些你都做过吧？“赶时间吃饭，并且还要吃好”是需要策略的。给自己做一个健康饮食计划，储备好零食，以防没有节制地上午开会吃华夫饼，午餐吃薯片，下午还时不时跑去自动贩卖机买东西吃。

（转 35 页）

五种方法帮你溜出会议室

我们都有过这样的经历：一个接一个的会开起来没完，结果真正该做的本职工作反倒没时间去做了。理智地看，有时候某些会议真没必要放下手头的工作去参加。以下“逃会”大法你要牢记哦！

找代表　请团队里的一个成员为你把错过的那部分会议内容记录下来。这样你的老板或者客户就能料定你将会竭尽全力，跟进落实工作进度的。

有计划地逃会　在开会之前，提前告知你的团队很遗憾你需要提早离开。既然你是为了去做其他工作，就没必要解释太多。

加深出席印象　会议一开始，就做出有见地或充满机智的发言，这样其他人就会记住你实际上是参加过会议的。

巧妙选择座位　利用会议室空间，尽可能坐在有机会能悄悄溜走的地方。

不详细解释　准备一个简短含糊的答案，例如“我在赶工作进度”，以防有人问你为什么提前离开。不用过多解释细节。

10 个步骤，在职场向前一步

在对职场妈妈的调查研究中，64% 的受访者表示他们善于在工作中讨价还价，从而得到她们想得到的。其实，无论你想要的是弹性工作时间还是升职加薪，都要注意谈判艺术。以下 10 个步骤助你一臂之力！

1 做功课 多做做功课，你就会了解在类似情况下可能会发生什么。有的职场妈妈已经拥有了你想拥有的东西，和她们多聊聊，问问她们是怎么做到的。这些妈妈可能是自我激励型的，值得信赖的——就像你一样。

2 别先开口 如果可以，尤其是在谈判薪资的时候，让对方先说。记住：如果你先开口，一般来说你已经占下风了，因为你很可能会自贬身价。

3 书面化 如果你想获得弹性工作时间，就写出来这样做能在多大程度上提高你的工作效率，你打算如何让老板通过你每天发送的电子邮件来了解你的工作进度。起草一份工作规划书，使别人能够大致了解你所做项目的进度安排，这不仅有助于你把具体环节表达清楚，也能够减轻上司的压力。

4 充分自信 如果说女人在谈判中不如男人，这是有些瞎扯。可是，女人缺乏自信的情况似乎要多于男人。没人愿意和你猜心事——你想要什么你就说出来，直截了当，眼睛直视对方。

5 确定自己的底线 预测一下其他人想要什么。如果你想加薪，调整数额留下谈判的余地。切记：你提的要求要切合实际，过分的要求会降低你的信誉度。

6 **强调利益** 无论你的要求是什么，都要强调它能给公司带来的好处。例如，电话沟通一方面能够帮助公司降低运营成本，另一方面也可以让你更方便地和国外客户进行有效交流。

7 **多倾听** 你让对方说得越多，就越可能发现意想不到的解决方法。不必现场做出决定。如果陷入僵局，暂停谈话。记下你们都谈过什么，以便下次能够顺利地再就这个问题进行沟通。

8 **有礼有节** 发现你和对方的共同立足点，注意自己的态度。坚持要求的同时，可以表现出友善和礼貌。如果别人喜欢你，就更有为你做事的可能。

9 **建议试行** 提出一个试行期，例如在1个月的时间里每周在家工作1天，然后请上司评估此要求是否可行。如果单位有允许职员在非办公室办公的条款，就更有可能让你试一试了。

10 **做好备选方案** 如果弹性工作要求被拒绝，那么就要求更多的假期或者每周五早点下班。谈判就是要给对方制造自己拥有控制力的错觉，就像你对付你家蹒跚学步的宝贝时使用的办法："你想要什么？豆子还是胡萝卜？你选一个。"

你有熬过艰难时期的秘密武器吗？首选是：

52%
能帮上忙的老公

47%
降低期望

29%
来自朋友和家人的帮助

22%
善解人意的上司

6%
各种通过雇佣获得的帮助

如果当初我知道……

在调研中，我们请职场妈妈们列出那些她们希望自己能够更早听到的建议。以下是最受欢迎的九条：

- 要有属于自己的时间。
- 如果妈妈不开心，家里所有人都会不开心。所以要知道怎样使自己开心。
- 知足常乐。
- 建立获取支持的人际网络。
- 知道自己不是万能的。
- 尽可能多地拥抱孩子并告诉孩子你爱他。
- 不要过度付出。
- 保持专注可以让你更快地完成每一件事情。
- 不把工作带回家。

保持“库存”充足 在全家人的超市购物清单上，把你工作时间的午餐和点心也列进去。在你的办公桌抽屉里以及办公室冰箱里，永远有现成的健康零食（当然应该是你最喜欢的那几种），比如即食玉米浓汤、坚果、即食麦片。如果你是个对食物营养特别挑剔的人，花上一个礼拜日的上午，为自己准备一些煮蛋、煲一些汤，或者做一些三明治放在冰箱里，周一的时候带到公司去。还有一点也很重要，那就是你的办公桌抽屉里永远都准备着你最喜欢的茶包和水果。这样在烦躁的工作日下午，你就不会因为肚子饿或者口干舌燥而坐立不安啦！

保护好你的午餐 每个办公室都可能碰上会从冰箱偷拿别人食物的人。或者，总是有些人粗心到不记得哪份食物才是自己的！用食品纸包好午餐，在外面用大字体写上你的名字。

抵制诱惑 如果办公室经常有生日蛋糕、升职曲奇或者客户致谢巧克力的话，那么你就要设法抵制住这些没有营养的高热量食物。如果每天下午 3:30 你都会困，特别想吃甜食的话，那么在 3:15 设置闹钟，吃个苹果或者喝杯茶。想想看，去买更大码的衣服或者安排时间去健身房减肥，你有那时间吗？

当事情被搞砸的时候

谁都会犯错误。尤其是当你长时间加班、筋疲力尽的时候。如果你的上司因为你又迟到了，或错过了会议，或把递交史密森先生计划书的事忘得一干二净而火冒三丈，不要找借口，更不要责怪他人。承认错误，并尽最大努力去弥补。

也许，这正好是个机会，让你静下来想想，自己是不是花费了太多的精力在家庭，而忽略了自己的工作——是不是可以匀一点精力给工作，重新寻找一下当年自己在事业上的雄心呢？如果你能为自己的失误找到合理的解释，也不妨坐下来，心平气和地跟自己的老板交流一下。但是记住，你应该拥有纠正错误的把握。

妈妈经

我的原则是：能不吃方便食品就不吃。不过感谢上帝赐予我红烧牛肉方便面！

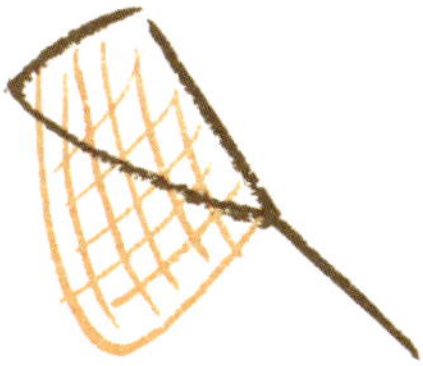

请上司高抬贵手的最佳时机

宝宝的春假就要到了，你已经答应这次要带他去游乐园。恰巧公司员工聚会，要求每个人都要参加。一边是对宝贝的承诺，一边是职场难得的交流机会，你该怎么办呢？选择在对的时间做对的事情，这尤其适用于你想让上司对你格外“开恩”的时候。选准时机，敲开上司办公室的门吧。哪些属于最佳时机呢？

你已经有一阵子没有提过任何要求了　要小心自己提出特殊待遇要求的频率。老是吵吵着提各种要求的雇员会让老板看到就头痛。

在你做出肯定回答之后　如果主管要求你加班、出差或者替她做点事情，只要时间允许就尽可能去答应。接受她的要求能够让她更乐于同意你偶尔的小请求。

当你人气旺盛的时候　你是否刚完成了一份受到一致好评的报告？你是否刚签了一个热门客户？如果你最近为公司做了什么了不起的事情，看在你的贡献的份儿上，上司答应你要求的可能会更大。

在上司心情大好的时候　刚过完一个浪漫周末，她正在办公室开心地唱着歌？一定要选择她开心的时候，而不是她风风火火赶时间或者压力山大的时候。进她办公室前如果你听见她在屋内大喊大叫，那么三十六计走为上策。

有事提前说　没有人愿意接受突如其来的事。如果你要请假，尽可能提前申请。在工作日历中标出孩子学校活动和假期的时间。虽然这并不意味着你能够对孩子的安排事事参与，但是这样做能够帮助你避免多件事撞车。

搞定没孩子的上司

没有孩子的上司是无法对职场之外的另一番天地感同身受的。凡事以工作为主吧。如果上班时间你要请假去观看孩子在幼儿园表演的“动物园的一天”，那么你定会招来上司不解的眼神。他根本无法体会你家的“小狮子”有多可爱，也不能了解看不到妈妈在场的“小狮子”会哭得多厉害。

- 如果工作需要尽量不缺席。如果周五想要过个轻松周末，周四晚上就得过得“如临大敌”些了，可以晚点睡或者孩子入睡后加个班。平时工作积极点儿，一旦该加班却又无法加班时，就会得到些照顾。

- 偶尔聊聊非工作话题。你的上司喜欢跑马拉松？那不妨鼓励他在你守着办公室的时候去跑跑步。

- 问问上司的家人和宠物的事。没准儿你的上司从此能明白，他领着西伯利亚哈士奇“小狼”去驯兽师那里和你带儿子去上单簧管课差不多。

- 保持低调。 如果办公室空间不大，就别把孩子的照片和手工艺品摆满办公桌。相反，放上一张照片和一个工艺品就够了，可以经常换嘛。

生存和成长

毫无疑问，作为一个职场妈妈，你的生存和成长既需要大量的实践也需要偶尔暗地里充充电。做好准备应对突如其来的问题将使你站得更高、看得更远。实际上，随着岁月的流逝，你解决问题的能力也将愈发游刃有余。如果有一天噩梦般的状况如暴风雨般突然降临，可能会有那么一刻钟你懵得糊里糊涂，但是很快你就连想都不会去多想它，因为你的内心深处早已知道该如何去轻松应对这一切。

妈妈经

永远不要因为你履行为人母的责任或者以家庭为重而向谁道歉。

Nishan

4

战略盟友

没有人比职场妈妈更懂得生活有多么复杂（如果你恰好还是个单亲职场母亲的话，诶，复杂指数至少可以翻两倍）。但是，你至少可以通过寻求帮助来让自己和孩子过得容易些。有哪些具体的办法呢?

你需要建立一个可以随时求救的人脉网。如果你没有父母、邻居、朋友和同事能够依靠，那么就必须去努力建立人脉关系。别怕，做起来比听起来要容易：隔壁的琼斯太太可能很喜欢双份巧克力的布朗尼，既然你做了250个不含坚果的布朗尼准备卖，那就会有剩余的可以送给她。

建立你的应急后备军

此时，常用援军都指望不上了，谁都没有时间帮忙照顾下宝宝，到了最后一分钟了，你还在着急找人……为了避免这种情况发生，你需要一份能够解燃眉之急的名单。以下这些可以成为你的目标：

日托机构或学校托管班 很明显他们是靠谱的，而且他们的经营也需要这份收入。

社交活动中的朋友 孩子社交活动圈里的教练、家教或其他孩子的父母也许会在你陷入困境时伸出援手。

临时保姆 联系那些年龄足够大的临时保姆，确保她们会遵守你要求的安全准则。如果保姆会开车，要确保她们每次都系好安全带。

向"爱心银行"储蓄

当有能力的时候，要奉献自己的爱心，这样当你陷入困境的时候，才会有更多的爱心涌向你。如果你平时向"爱心银行"储蓄了，那么当你在接受别人帮助的时候，你就没有那么多的歉疚，并且还会有更多选择的可能。需要提醒的是：爱心储蓄不必勉强，只在你有能力的时候才去做，如果超出自己的能力范围，只会让你更加精疲力竭。

在家里　偶尔，在周末你可以多承担些事情。比如拼车带着几个孩子去踢足球，或者带着他们在自己家里举办趣味活动；当你在超市购物时，不妨发信息给朋友，问问她们是否需要你帮忙带些东西；带着一群孩子去看木偶剧……总之，找个机会让其他孩子的父母能够休息一下。

在工作中　主动承担一些别人不想干的活；替因家事请假的同事分担工作；当同事干得不错时要赞美对方；积极主动解决问题；与他人分享你负责的项目的功劳。与同事建立良好的关系，意味着当你需要依靠他们时，他们会心甘情愿支持你。

在社区　不妨拿出些时间来去帮助那些需要帮助的人——给流浪者提供食物，拜访一下年长的邻居，给保安员们送些可口的小吃。主动贡献你的技能，向没经验的人提供市场营销经验，在小区空地种些植物，免费教孩子们一项运动技能……你要相信，因果报应是很有力量的。

与同事保持联系

职场妈妈应该在能获得帮助时尽可能寻求帮助，你能想到的最好的帮助者就是其他职场妈妈。和她们在一起，你能挖掘到很多有益的信息，比如产假时间、弹性工作、在家工作，等等。另外，毋庸置疑，当你遇到家庭紧急情况的时候，她们是最有可能帮助你的人。

一旦你“招兵买马”建立好自己的后援团，切记要小心那些平时与你不和的人，尽可能避免与其冲突。人性往往是如此：当你工作早退时，你的某些同事（通常是那些没孩子的）会立即说三道四。

（转 43 页）

妈妈经

出现紧急情况时，我可以给全心全意爱我的父母打电话，他们平时不能尽情陪伴我的宝宝，正巴不得呢！这下子每个人都如愿以偿啦！

这些时刻，没有你不灵

即使你能把假期中的每一分钟都安排周到，能把和外科医生预约的每一个细节都想到，我们还是建议你：预留出几天而别把年假全用完，以应对不时之需。因为当发生以下情况的时候，你和你的另一半不得不向公司请假：

孩子生病了 如果孩子正在发烧，呕吐或者得了传染病，你不能让保姆或者其他孩子处于被传染的风险中。所以，如果孩子生病了，你要亲自带他（她）去儿童医院。越早就诊，就能越快确定病情、确认康复计划。你能在家工作吗？你可以和另一半各请半天假吗？知道你面临的状况你才可以有针对性地拿出个计划来。

你生病了 在校的孩子就像是个细菌培养皿。靠洗洗手、吃点维生素C是不可能击退所有病菌的。所以，同样的说法也完全适用于你：不要试图用感冒药或止咳糖浆硬撑着坚持上班。研究表明，雇员因病请假所需要的天数比生了病硬挺过去所需要的天数要少。而且，生了病请假在家康复，你的同事也会感谢你哦。原因嘛，你懂的。

孩子有演出或得奖 无论你的宝贝是学校演出队中的明星，还只是合唱队中的一个小角色，你都应想尽办法去观看。早早到场并且参加庆功会，和他们分享美食。孩子需要在观众中看到妈妈，但其实更重要的是，妈妈需要在场。

通常在每个办公室，要么会有一个盯着时钟的人，她会觉得自己付出得最多，比其他人都努力，工作的时间最长；要么会有一个对别人相当刻薄的人。如果你觉得别人对你工作时间较少怀有怨恨，那么你有必要做出点回应：

- 炫耀自己的成绩。要展示你做得究竟有多好——注意技巧，千万不要将这件事搞得听起来像吹牛——这个很关键哦。

- 让大家知晓你的时间表。如果你每天必须在某个特定的时间离开，那就坚持遵守这个时间，好让大家知道你并不是随意而为的。幸运的是，调查数据显示 71% 的职场妈妈表示公司在下班接孩子这个时间段能很好地避免安排会议。

- 挺直腰杆。永远不要因自己不一样的工作时间而感到羞愧或抱歉。你的时间安排和绩效是和老板达成的，没必要对不相干的人做什么解释。

“天哪！他爱保姆胜过我！”

想象一下：你迫不及待地冲进家门想要抱起你的小宝贝。可他一看到你，不仅转向保姆，还向你喊“不！”这个遭遇熟悉吧？除了你的家人，保姆可能是你关系网中最重要的人，而在我们的调查中，有 1/3 的妈妈会嫉妒她们的保姆。

最好的方法之一就是向自己祝贺，给孩子找到了对的人。记住：你的孩子和其他人的关系再好，也绝对不会削弱他对你的爱。事实上，与保姆之间良好亲密的关系会帮助他未来与其他人建立健康的关系。保姆不过是一个爱你孩子的人。接下来你需要做的是：给自己和孩子安排一些保留活动，比如陪他吃早饭，给他洗澡，或者读睡前故事。相信那些只属于你和宝宝两个人的特殊时光，会有助于冲淡你觉得自己不重要或被别人取代的坏感觉。

妈妈经

不要对任何要求都说好！

几处改变，生活有爱

研究表明，今天做父亲的要比我们的父辈在家里帮的忙更多。93% 的职场妈妈表示在家庭中，她们的另一半给了她们很多支持。（有些职场妈妈也表示说夫妻双方通过性生活来减压）不幸的是，尽管与以前相比有更多的妈妈选择产后坚持工作，可是，她们仍然得承担主要的家务，同时还要照顾孩子。要知道对伴侣的依赖一方面可以帮你排解压力，另一方面也会使你们的关系更亲密，这些都会增加你“一切尽在掌握”的感觉。以下建议送给职场的你：

分摊家务 当决定分配谁做哪项家务的时候，任务要和爱好、技术、能力相匹配。夫妻双方谁先到家谁做晚饭。根据孩子的年龄和能力，也要把他考虑上，比如可以要求孩子清空垃圾、拌沙拉、盛主食、摆放碗筷和收拾桌子。这样的话，你可以从很多家务事中获得解脱，同时也可以提高孩子的独立和自理能力。

接纳不同 退后一步，控制自己，不要急于当监工、做助手、指责另一半做事的方式。

说“请”和“谢谢” 我们当然知道你是成年人，很明白这些道理。可是，当你回到家里和家人在一起的时候，很容易忘记这些。让你的孩子在离开餐桌前向准备晚餐的人表示感谢。感恩、友善和赞美的生活态度是会传递给孩子的，无论事情大小。

多多交流 每天在孩子上床后，拿出固定的时间陪伴他，帮助他养成固定的睡觉时间，这样你就不用忙于一会儿给他倒水，一会儿又被要求“再多读一个睡前故事”，直到拖拉到你该睡觉的时间。孩子能按时睡觉，你和另一半就可以有时间一起放松放松，哪怕是一起聊聊当天的事情，或者读读报纸、看看电视。

享受难得的二人世界 你们不可能和过去那样约会了——花大把的时间梳洗打扮，额，再刮刮腿毛什么的。不过也还不赖，至少每月一次请保姆照顾孩子，你们二人可以走出家门。要避免陷入“晚餐＋电影”这样的老套路。研究表明，共同从事新鲜的事能够促进你们的关系，如参加露天音乐会、去主题公园、徒步旅行等。

偷一个晚上给自己 对某些家长来说，与孩子分别几个小时简直是难以想象的事情。但是，休息对大家都有好处，尤其是能够恢复元气。你也不必特别精心策划一场外出，一个晚上的时间就足够了！如果没有地方可去，那就安排孩子到你的好朋友家去过夜。而当孩子朋友的父母也需要独处时，你也应该为他们行个方便哦。

不要忽视你和你的另一半 我们强烈鼓励你离开孩子，花时间陪陪伴侣。但说着容易做着难。一边照看孩子一边想着出去一个晚上，这往往让你感到的不是兴奋而是重重压力。还是从一些相对容易控制的事情开始吧，比如家庭约会。周五晚上，点燃蜡烛打开一瓶红酒；或者周六早上孩子看动画片的时候，在床上享用一杯咖啡。无论通过什么方式去增进感情，最重要的事情是让你们彼此的心贴得更近。

你多久能抽出时间单独和闺蜜们见见面?

10%
每周

24%
每月一次

42%
几个月一次

24%
从来没有不带孩子的时候

妈妈需要更多的朋友

老板、员工、孩子，可能还有老公和狗狗，都需要你照顾到。所以，友谊就是你个人的充电器，既能够为你增添能量，提高动力，还可以让你彻底放松。从这方面看，大多数人都要好好充充电了。

聚集你的妈妈部落

孩子这边有保姆支援你，工作中你也发展了援军，可是在生活中谁来支援你？除了伴侣，每个职场妈妈都需要朋友的支持，这就是为什么花时间投资人际关系如此重要。

看看下面列举的职场妈妈需要的朋友类型，然后对照一下自己的朋友圈。你或者发现自己有一堆的姐妹，或者发现了一个大漏洞。反正，你会知道该怎么做！

和你很像的朋友 她和你有同龄的孩子，她也工作，她的感情状况和你类似。换句话说，你们就像坐在同一条船上，能够体会彼此的状态起伏。

经历更多的朋友 她的年龄并不见得比你大多少，但是她却能够对你所处的境况做出指导。她是能够给你前瞻性意见的那个人，也是当她嘴里说“你不会有事的”，你便会深信不疑的那个人。

没孩子的朋友 她也许单身或者已婚——这并不要紧。她是你和孕前自己的联结。她能让你实时更新明星八卦，她也能把你拉去参加女友聚会。

完善你的圈子

做妈妈难，做个职场妈妈更难。独自一个人尝试做其中任何一个角色不仅是不可能的，而且也是很危险的。没有一张由伴侣、朋友、家人、同事和熟人织就的人脉支持网络，最终你将会被压垮，筋疲力尽，脆弱不堪。这不仅对你没有好处，对孩子也没有丝毫好处。所以，如果你感到自己陷入内疚，就要着手将自己拔出来——与另一半约会，或者和新邻居上街走走，缓解紧张的情绪。记住：你所做的一切都是为了自己和家人。

妈妈经

总有那么一个时刻，比起你的孩子，你更需要一双能倾听你心事的耳朵。别犹豫，找到信任的人哭诉一番吧！

Nishan

5

关注自我

貌似这周的收获还挺多——坚持送孩子去英语班上课；自己的普拉提课也没耽误；工作上也是顺风顺水，客户承诺将继续与公司进行长期的合作。看来只要我们留心，快乐总是会不期而至的。

反观内心，自问一句："我快乐吗？"这是一个重要问题，因为它会影响到整个家庭。从你成功受孕到决定把孩子生下来，这期间你的心态都会对孩子有直接的影响。让人欣慰的是，在《职场妈妈》杂志的调查中，受访妈妈中有82%的人认为，为人母之后幸福指数上升了；只有4%的妈妈认为有了孩子之后，幸福指数降低了（还有14%的妈妈觉得生育前后没有太多差别）。不管你属于哪一种，对快乐的追求只会让你成为一个更好的妈妈。下面是教你享受幸福生活的几大诀窍。

做个"刚刚好妈妈"

随着回归职场的妈妈越来越多，职场中关于"超级妈妈"的英雄事迹总是不绝于耳。而现如今出现的"懒妈妈"或者常听到的"刚刚好妈妈"正在打破人们对完美妈妈的印象。早在50多年前，英国儿科医生、社会学家和心理分析师唐纳德·伍·温尼科特就发明了"刚刚好妈妈"这个词。他认为要成为一个"刚刚好妈妈"的关键在于，在孩子出生的最初几年，妈妈要满足宝宝的需要，这能给孩子带来依赖感、安全感和亲子相处的满足感。在幼儿时期，母亲对孩子需求的满足能让孩子更富有想象力、更快乐，更容易释放天性，从而建立真我。在温尼科特看来，为人母根本不需要什么高超的技巧，只需要尽可能地满足孩子的需要。

现如今，"刚刚好妈妈"指的就是大多数的妈妈，因为大多数母亲都被认为具备满足孩子需求的能力。"刚刚好妈妈"会吸取经验教训，做出最佳的判断，爱护孩子，当然不一定要对孩子的所作所为全盘接受。对于职场妈妈来说，接受这种新的观念是非常有必要的，虽然看似有些不够积极和不切实际，但是却能消除职场妈妈那种始终觉得自己“不够好”的想法。

要记住，做事的标准不是单一不变的。不要总是担心自己的错误会给孩子造成什么坏的影响。你的宝宝真正需要的并不是一个完美妈妈，即便世界上有“完美妈妈”存在。做一个“刚刚好的妈妈”吧，就像下面这样：

- 腾出时间陪伴孩子。如果你需要在熨衣服和陪孩子玩之间做出选择，还是陪孩子玩吧。

- 不要拿自己和其他妈妈作比较，尤其是别和那些全职妈妈比！看起来好像她们的孩子各个成绩优秀，家境优越，妈妈们也总是表现出一副春风得意的样子。可是，你真的知道人家家里不为外人道的一面吗？

- 接受自己的不完美。世上没有完美的妈妈，也没有完美的孩子。因此，我们要学会接受自己的不完美，这样才能更好地看待孩子的不足。

活在当下

职场妈妈总是被神化为三头六臂的超人，当然这样的“光环”也总是激励我们同时去完成更多的工作。可是，这只能对处理那些不费脑子的事务有效，比如我们可以一边打电话一边布置餐桌准备吃饭。但是，如果孩子问起你什么是“性”的问题，我想你做不到一边切菜一边给他解释吧。处理高强度的工作很容易消耗精力，如果这时候老板又要求你修改预算表，同时多项任务处理真的会让你抓狂。

活在当下、只专心地做一件事情能够让我们更高效，幸福感更强。没错，我们可能同一时间面临的头绪很多，但是如果一次只选择一个方向的话，你会效率更高，压力也会更小。

妈妈经

记住，不管现在你有多少钱或是你家的房子有多么干净，这些都不重要，重要的是50年以后，你的孩子能记得起来的是你当初对他好的样子和你对这个家的深爱。

工作的时候，努力做到心理学家所说的“沉浸体验”，即全身心地投入在一件事情上；在家的时候，抽出专门的时间集中精力陪伴孩子——因为宝贝需要你。

减压绝招

如果你走路一副没精打采的样子，胸中总是郁结难解，性情暴躁易怒，那么你是该好好地减减压了。减压并不意味着需要每天打坐冥想 2 个小时，也不意味着找个僻静的地方把自己关起来。其实方法很简单，在日常生活中做到以下这些，就可以让你告别压力：

体育锻炼 是的，地球人都知道你都快忙疯了。没错，大家也都了解你忙得连上厕所的功夫都没有，更别说穿上运动鞋做做运动了。所以，我们才要求你只是抽出 10 分钟，10 分钟而已。

做些简单的运动，比如沿着社区走走，或是打开健身频道跟着一起动动。尝试一些你喜欢的运动，坚持下去。如果你做够了 10 分钟，很好，“我还想再做 10 分钟。” 说不定你会这样说哦！

听听音乐 研究表明，音乐能改变人的心情，帮助情绪的平复。积极向上的旋律能清扫心头郁闷的阴霾，古典音乐能舒缓紧张的神经。分别针对生气、暴怒、惊慌、疲惫等你的那些捉摸不定的情绪，准备一张曲目单，来随时进行音乐治愈。不要认为当父母的只是有责任去听孩子的音乐，跟着宝贝儿一起唱儿歌是另外一回事。

约朋友逛街 和姐妹淘一起逛街是美妙的享受，买双打折鞋能让你一下子高兴好几天。太忙了不能逛太久？没关系，中午休息的时候跑出去吧——这个自由时间是工作给你的最大福利！

小调查

你常常感觉到压力很大吗？

59%
有时候会

35%
大部分时间会

6%
几乎感觉不到压力

哈哈大笑 看一部搞笑电影、情景喜剧或者网站上的热门视频，消遣娱乐一下。研究表明大笑是身心健康的良药。而且，这剂良药对孩子也很有益。

到户外去 和家人到郊外去野餐，去远足，或是到公园里走走看看，甚至在家附近散散步。亲近大自然能让我们的心灵回归平静。研究表明，即便是一张风景照也能给人带来片刻的宁静。所以，你可以在家里和办公桌摆上一些风景照。

帮助他人 把视线从个人问题转向他人，积极帮助他人解决问题，这有助于你重新调整注意力，还能给孩子树立一个好榜样。

控制好情绪

不管是公路上那些狂躁的驾驶员，还是电视真人秀节目里疯狂的行为，我们每天都被大量的愤怒情绪所包围。一个大忙人的情绪要多容易失控就有多容易，不管是对孩子、同事、还是熟食店排队的陌生人，他们常常一开口就是一顿指责。我们先不谈生气会导致血压上升的事情，其实没有什么比情绪失控更糟糕的事情了。下面就教你不管是在家里还是在工作场合，控制好自己的情绪。

不要以牙还牙 如果孩子对你发脾气，或是同事对你发飙，一定要控制好自己的情绪。意思就是，你不能以牙还牙。可以尝试一下老掉牙的办法：深呼吸，从一数到十。转移自己的注意力，想象一些能让你心情平复的场景，比如想象自己正在海滩上。

消耗体力发泄情绪 如果因为正在项目的攻坚阶段，或是面临孩子的“转型”期，你感觉压力山大的话，不妨通过体力消耗来发泄一下。最好是能有个击打的对象，比如练练拳击什么的。

妈妈经

要是没法准备一顿像样子的晚餐，就改作晚间野餐吧。妈妈可以和孩子这么解释：我们今晚就在后院或者客厅地板上铺上毯子，摆上冷盘和面包，一起来玩个野餐游戏吧！

累得不行的时候就去休息吧

“妈妈永远把自己排在最后一位”，《职场妈妈》杂志的调查结果就是一个很好的例证。当我们问起孩子大多数时间的睡眠质量怎么样的时候，89% 的妈妈会说不错；当我们问起妈妈自己的睡眠时，结果显示妈妈们每日平均睡眠时间为 6.5 小时。虽说睡眠时间因人而异，不是每个人都需要一样的睡眠时间才能保证自己的最佳状态。但是通过这次调查，我们敢打赌，职场妈妈要是白天不犯困才就怪了。如果身体向你发出“累了”的信号时，就该去休息。因为事情永远也做不完，地球不会停止转动。

5 招助你提升存在感

花时间和孩子相处　没有人比孩子更需要被人关注，也没有人会比他们更感激你对他们的付出。抽点时间陪陪孩子。

享受美食　尽情地去品尝喜爱的食物。如果是提拉米苏就太好了（因为黑巧克力里面含有抗氧化剂）！

关掉电子设备　规定每天某个时间段关闭一切电子设备，比如每晚 2 小时，去享受与家人在一起的时光。很快你就会发现平时电子设备发出的响声有多刺耳。

做爱　性爱有助于缓解压力，提升“黏结荷尔蒙”分泌水平。不过夫妻性爱天经地义，还需要什么科学理由吗？

静心　只需要简单地坐下，闭上眼睛，深呼吸，把注意力集中到呼吸上，念诵能让自己安静下来的咒语。让自己静下来，即便只有一两分钟，也很管用。

感觉要崩溃了

当上司的要求、各种各样的期待和日渐逼近的截止日期都接踵而至的时候，我们常常会觉得自己就要挺不住了。掌握以下的时间管理技巧，尽量避免使人崩溃的局面。不管在公司还是在家里，将任务细分为可操作的具体事项，按轻重缓急排序。就像是一口一口地嚼菠菜、小口地嘬冰沙一样，不要想一口气把事情全部解决。既然一口吃不成个胖子，那么就要从一团乱麻中理出头绪，让生活更高效。

制订任务列表　把需要完成的任务全部写下来，让自己有个整体概念。然后针对每个任务，分解完成所需要的步骤。把精力集中在“下一步该怎么做”上。这样做的好处是，完全可操作，不像你列个泛泛的清单那么吓人。然后检查一下，看看有没有你该做却不想做的事项，它们可不可以从列表中删除不做？（是不是觉得这样一下子轻松了许多？）

想清楚“什么是最重要的”　按照任务的轻重缓急来安排，看哪些是今天需要完成的；哪些可以下周完成；还有哪些可以无限期地“顺延”。频频发生“紧急但是不重要”的事情占用了我们太多的时间和精力。

集中精力　一旦你选好要完成的任务，就要全身心地投入。将手机调至静音，停止收发邮件，全力以赴。

限时完成　规定时间，比如 20 分钟，使每项任务必须在限定的时间内完成。限定时间，全情投入，直到完成。这样，你的效率会更高。

学会说不　练习说“不，谢谢”。拒绝的时候语言要简短、礼貌和坚定。无论是回绝商务用餐的邀请，还是告诉儿子不能和他一起出游，都不要做详细的解释，以试图澄清。语气要尽量简短而又不失委婉。还是不习惯说拒绝的话吗？那么试着说“我希望可以，但是……”，这样的说法该是比较温和的。

向别人倾诉 当负面情绪积累到一定的程度时，找个善于安慰人的朋友诉诉苦，或者跟你的狗狗说说。

保持客观 对事情要有客观的认知，不要受主观情绪影响。如果火车再次晚点令你恼火的话，请提醒自己，世界上有很多事情是你控制不了的，这只是其中之一而已。来，做个深呼吸吧。

少吃含糖和咖啡因的食品 过量食用刺激性的食品容易让人感觉疲倦，思维古怪，整个人像个随时爆发的炸药库。要多喝水，轻轻地抿一口水，都能让你享受一份宁静。

避免过分焦虑

孩子的安全、你的职业规划、周围的人际关系和超负荷的日程安排，时不时地袭上心头令你担忧。在某些情况下，人们的担忧是正常的，但是如果过度担忧，就会造成不良后果。如果你觉得自己长时间地感到焦虑，就应该找个医生看看。同时，还可以配合以下一种（或全部）方法。

- 把你所担忧的事情全部写下来，分成两栏：一栏是属于你能掌控的，一栏是那些超出你的掌控范围的。这样分类有助于让你清楚什么时候该放手，什么时候该采取行动。

- 如果写的方式不适合你的话，那么试着向另一半或某个朋友倾诉。我们的目的不是要和烦恼的事情纠缠不休，而是要正视它们，摆到桌面上来剖析它们，随后把这一页翻过去。焦虑就像体内的毒素，必须找个方式把它们清理出去。

- 对于那些你能掌控的或者影响较小的事情（比如给孩子积

妈妈经

你不是唯一不完美的。世界上根本没有十全十美的超级妈妈那回事儿。停止拿自己和其他妈妈们作比较吧。

小调查

“我觉得一天24个小时不够用”

65%

强烈赞同

27%

某种程度上赞同

攒未来的教育经费，或怎样才能让家人吃得更健康），制定出一个行动计划来。为孩子日后上大学设立一个储蓄账号，不要在意现在里面存的钱不多；逐步改变原来的生活方式，比如饭后家人一起去散散步，或者改吃有机食品。总之，用行动消除忧虑能让你感觉更好一些。

- 对于那些超出你掌控范围的事情，如自然灾害、突发事故、或者经济不景气，担心个5分钟也就够了。哭泣，调整步伐，或是与之周旋，然后放下。把你的担忧想象成一个逐渐飘出视线的气球，或者一段顺流而下的浮木。当它消失在你的视野之外的时候，也就是你应该重新开始生活的时候。

勿做“瘾君子”

借酒能够消愁，服用抗忧郁药或许能让你忘记工作的压力，偶尔吸个烟可能让心灵恢复平静。但是，我们听到越来越多成功的上班族妈妈私底下却是积瘾成疾。怎样才能知道自己是不是走得太远，或者是否已经对这种自我慰藉变得极度依赖，成瘾而无法自拔？

在过去十年来，女性酗酒和滥用处方药的现象越来越严重，女性酗酒的人数翻了一倍，滥用处方药的人数翻了两番。职场妈妈特别容易染上这些恶习，因为往往对自己有过高的期望，认为自己无论在什么情况下，都应该是富有成效的，有能力控制自己，保持冷静。按照专家的说法，如果你开始怀疑自己是不是过度依赖酒精或是药物的时候，八成你已经越线啦。赶紧去找专业人士来帮忙，可以拨打心理求助热线，或是立刻请专家帮你戒瘾。

保持活力

跟人介绍自己的时候，你是说你是谁谁谁的妈妈，还是某市场营销部的执行副总裁？你曾跟人提起自己上大学时荣获过拉丁舞冠军的光辉历史吗？或是跟人提起你周游了世界，爬过瑞士的雪山，登过安第斯山脉，还会说一口流利的意大利语？你有多久没有去跳舞，或者去旅行了？在生活中的某些时候，的确需要将个人的愿望先放一放，但是如果一拖再拖，迟迟不行动反倒会让你对自己心生不满，甚至产生抑郁。多倾听自己内心的声音吧：

不要将梦想遗忘在角落 尽管你忙得可能连刷牙、收拾碗筷餐盘都像打仗似的，更别提要抽时间去实践多年的心愿，可是别忘了时刻怀揣的心愿能够激励你。可能你现在没有时间去山海关玩，但你可以读读明代的历史或是找些讲述长城历史的影片来看。即便是在你每晚不堪疲惫睡着之前，看上七分半钟也行啊。

努力掌握新的技能 虽然现在说你能熟练掌握法语还为时过早，但你就不能每周坚持学习一个短语吗？学习新的事物能锻炼大脑，延缓衰老。研究证明学习新知识能振奋人心，提升自我价值，还能让你成为老板的好帮手，家里的顶梁柱。

让孩子了解你的兴趣 让孩子融入你的生活，让他们感受你对现代艺术的热爱，了解你对冲浪、烘焙的热情。你可以带他们参观博物馆、去海边冲浪或者一起装点做好的杯型蛋糕（洒成彩虹形状的）。你可以跟他们分享让你感动的故事，带他们参加你钟爱的活动。虽然他们不一定也会爱上歌剧或是喜欢上棒球，但是如果妈妈喜欢他们也会赞同。如果你能陪孩子踢一场球或是陪他们玩玩棋盘游戏，以此作为他们对你兴趣爱好认同的一种回馈，他们会更尊重你。

留一点时间给自己

有没有因为孩子不停地敲浴室门，使你焦躁不安，最后不得不放弃洗泡泡浴的时候？职场妈妈总是或者出于愧疚，或者因为焦虑，或者是习惯，总之忽略了“自己的空间也很重要”这个事实。虽然我们能坦然接受自己在享受工作的同时，宝宝在托儿所能得到很好的照顾，但是我们接受不了把孩子

妈妈经

作为一个上班族妈妈，要做的事情很多。先做好计划，即便事情进展不太顺遂，也不要灰心。任何时候都要给自己和另一半留有回旋的余地。

你是工作狂吗？

下面 5 项中，如果有 2 项以上和你的情况类似，那么你该适度减少工作时间了。

1 回到家时，家里的宠物狗对你狂吠，它不是在欢迎你，而是把你当成了陌生人。

2 频频把宝宝的名字误叫成行政专员小李或新来的实习生小张的名字。

3 很多时候，家人都听不明白你在说什么。（你认为把家庭成员聚在一起“酝酿”去哪里旅游，是每个人都喜欢的交流方式）

4 对你来说，工作半天就是下午 6:30 下班。

5 你家花园的土豆被你以为是送货上门的产品。

留给保姆，自己跑去看新上映的电影这样的事情。感觉这样很不负责任，甚至有些自私。实际上我们的这种想法是错误的。职场妈妈应该给自己留一点时间，不仅能缓解压力，而且还能获得满足感，让身心更健康。如何拥有并且享受 Me Time（自我空间）呢？

和自己约个会　从你的日程表安排出一小时去上有氧健身课，或者发个信息约朋友出来吃个晚餐。当你预先在日程安排上定好要做某件事的话，与朋友约会或是与自己相约的承诺就会更容易实现。

定期体检　当给孩子去做健康检查，或者带着宠物去看兽医的时候，别忘了自己也应该做个全面体检了。腾出一整天，享受一次按摩，每年做个乳腺检查，每6个月看次牙医。别做了妈妈光想着照顾家人，却忽略了自身的健康。

向丈夫学学 当爸爸们要出门和兄弟喝酒，和老朋友去滑雪或是在车库折腾一些男人都爱干的事情的时候，你几乎没有听过这会让他们感到纠结。其实，这种心态是很健康的，妈妈们要向他们学习，让自己学会放手。当另一半在享受“自我空间”的时候，你也要创造机会享受你的“自我空间”。如果老公周六早上去打高尔夫，你可以安排自己周日早上去打网球。夫妻之间要相互支持，互相勉励，善待自己。

10分钟“加油站” 你再也不能像单身的时候那样，享受一整天的休闲时光了。如果你认为自己属于忙得没有私人空间的那种，请点点头。其实很多人都和你一样。那么从今天开始，抽出10分钟时间给自己：把家务放一放，等孩子睡了以后读几页书；在上班的公交车上听听音乐；或者给死党、闺蜜打个电话……这些时间点滴就像是加油站，给自己充充电。明天，试着把10分钟翻倍看看吧。

做做减法 把你最不喜欢做的一件事情挑出来，这件事属于吃力不讨好的那种，时间花得多回报却很低。如果家庭经济条件允许，可以每周请小时工做家务，把衣服送到洗衣店去洗，或者网上购物，送货上门。省出来的时间一定要留给自己，不可以又拿来做其他杂事。一下子你就多出了几小时，去上你朝思暮想的布艺手工课吧。

来吧，开心点

最近要是觉得不开心，却又找不出原因，可以尝试以下几种简单的方法，看看效果如何。如果尝试过后，还是一直不开心、易怒、容易疲倦或是觉得自己不对头，就应该去看看医生了。抑郁症在女性中的发病率很高，而且往往是悄然来袭。

妈妈经

记住，妈妈想要偷懒永远有捷径：网购，找个可以随时待命的能干保姆，需要的时候果断地请家政人员帮忙打理家务。

妈妈们都是如何减压的

许多上班族妈妈很难有足够的休闲时间，这也是为什么我们很高兴地看到接受调查的许多妈妈们发现了很多减压的方式。她们是怎样减压的呢？（是啊，看电视算一个。有谁看完搞笑节目会不开心呢？）其他最受欢迎的方式还有散步、泡澡、电子游戏、祷告或者读读圣经，还有性爱。

51% 看电视

48% 睡觉

46% 运动、练习瑜伽

43% 向朋友倾诉

43% 阅读

24% 喝酒

13% 做手工

9% 冥想

15% 通过其他方式

感恩练习 在吃晚饭或是就寝前，和家人分享你的感恩故事，也鼓励他们与你分享他们的故事。感恩能训练人关注正能量，洞悉一切。感恩当下我们所拥有的一切，而不是纠结于自己所没有的，这会增强我们内心的力量，让我们更容易幸福。

言语积极 自我表达的方式往往关乎我们对幸福的感受。不停地抱怨会使你的情绪立刻低落下来。所以，凡事往好处想，言语要正面积极。

让别人开心 除了要关注自己快不快乐之外，更不要错过让别人快乐的机会。无论在家里还是在职场，千万不要吝惜你的溢美和感激之词。

笑口常开 研究表明人的思想、情感和行为是可以相互带动的。如果你表现出开心的样子，你会真的开心起来。

管住自己的嘴 在孩子面前请不要乱说话。要是你在他们面前抱怨你有多么讨厌工作，那么他们或许会觉得既然你这么讨厌工作，为什么还要花那么多时间去做，而不是多陪陪他们。

幸福超人

把自己放在首位可能会令妈妈们感到有点自私。其实不然，妈妈幸福才是给孩子们的最好礼物。有句老话说得好："幸福妈妈造就幸福的孩子。"孩子不可能每天时时刻刻都开心，这并不是你的错。孩子就是孩子，他们不是机器。无论你做什么，也不管你有多努力，都不可能让他们绝对不遭受挫折。当你向你的孩子展示出你们的家庭会重视每个人的愿望和需要的时候（包括有时候独处的需要），你就在教会他们理解快乐不是与生俱来的人格特质，而是一种可以培养的生活能力。

妈妈经

记住一句话："一切都会过去的。"干脆把它作为口头禅。记住一条建议：花在孩子身上的时间再多一倍，钱再少一半。

Nisha

忙而不乱

一早醒来，你就焦头烂额！一堆事情，让你手忙脚乱！如果你是一个上班族妈妈，时间会更紧迫！你一直在团团转，根本拿不出时间去应对随时都可能出现的新状况！

为了让孩子准时参加兴趣班，你不得不提前就把他送到目的地。你没有时间吃午饭，路上的拥堵难免让你烦躁不安，和孩子谈谈心成为了一件多么奢侈的事情。你满脑袋都在盘算，要去超市采购晚上的食材；还要赶在洗衣店关门前，取回老公第二天出差要穿的衣服……

其实，你完全可以做个淡定的妈妈。只要遵循以下步骤，你将会在忙碌的生活中游刃有余。即使偶尔遇到无法避免、不可收拾的局面，也不至于让你精神崩溃。

建立指挥中心

客厅和厨房是家庭成员活动的中心，把这里安排得当，往往能让后续事情井然有序地发展。

分配收纳空间　家里每个人的物品，都习惯性地放在指定的位置。可以给孩子准备好一个整理箱，放一些孩子的物品，用标签写上孩子的名字，平时带着孩子一起收拾，让孩子从小就有独立感。

挂历也可以很实用　不要嫌弃有些商场在过年的时候还会送你老土的挂历，你可以挂在客厅，记录每个家人的日程安排。如果孩子的老师打电话给你，说幼儿园的演出从周一改到周三下午了，你可以立刻记下来。

关注学校联系方式 孩子如果上了幼儿园或者已经入了学，你得多和他们的老师联系，看看他们一般采取什么样的方式和你保持沟通。比如：孩子的幼儿园是不是有微博及时上传动态，学校的老师是不是建立了微信群及时发布消息，就算是平时和家长们沟通一下育儿心经也不错啊。

提前做好准备

为了享受一个安宁的清晨，你可以在头一天睡觉前开始收拾：

- 准备好孩子第二天的衣物，尽量让孩子自己选择要穿什么去幼儿园。
- 如果孩子还小，记得准备一个妈妈包。妈妈包要够大够实用，可以把孩子的纸尿布和常用物品统统放进去。
- 如果孩子上学了，记得时常和孩子一起整理背包。这样，你才知道孩子是不是忘了把学校发的通知书交给你。记着也要常常检查一下自己的皮包，看看是不是忘记了第二天开会要用的文件。

妈妈经

日常生活中，要是计划进行得不顺利，让孩子也一起来制订计划，孩子遵守执行的意愿会更高。

- 孩子入睡后，可以迅速地把家里简单整理一下。早上起来，会觉得轻松许多。
- 为孩子准备好中餐或者是一些日常的补充品，孩子能做的就让孩子自己动手。你可以让孩子在冰箱里放一个专属的饭盒，把自己的酸奶和水果放进去。必要的时候，你可以提供帮助。
- 尝试着把早餐做成自助餐。一把燕麦片、一沓面包、几个煎鸡蛋、一壶牛奶或豆浆，这样可以节省你的时间，还能够让孩子和家人根据自己的口味进行选择。

做早起的鸟儿

一大早，瞌睡虫还赖在脑袋里没走，睡眼惺忪去冲凉，然后泡上一杯浓浓的咖啡，恨不得快快把瞌睡虫赶到九霄云外。看吧，不光是孩子，你也不是早起的鸟儿，想要改变这一局面，秘诀很简单，就是早睡。

你不仅要给孩子规定熄灯时间，督促孩子持之以恒地坚持，你自己也要以身作则，规律作息。早睡早起的好习惯，能避免大清早一家人乱作一团的局面。而且，只有休息好了，在面对一些混乱状况的时候，才不会胡思乱想，不会乱发脾气，不容易崩溃抓狂。妈妈！别忘了要早睡哦。

不要到处找东西

东翻西找很容易打乱你的计划。一时想不起东西放在哪里，可不要翻箱倒柜，搞得家里像是垃圾场，应该从“最有可能”的地方向周边区域辐射，慢慢找找看。心平气和坐下来让记忆倒带，好好回想。试试看把区域渐渐缩小，大部分的东西是不会长了飞毛腿跑到十万八千里以外的，一般它们都在半米之内。要是你觉得和孩子有关，不妨发动孩子和你一起找。

鼓励合作

有没有注意到一个现象，往往什么事情快到极限的时候，你的行为习惯会呈现出周期运转。你有 6 个月的时光享受安宁和美好，但是很快你的情绪会爆发，因为你将面临着哄孩子睡觉的棘手问题，想想吧，当你怀抱着一个只会哭闹不肯休息的小东西，你又不能打骂时，你会头疼死的。但是不管遇到什么棘手的问题，我们都会教你处理方法：

给予孩子明确的指示 不要给孩子下达让他们模糊不清的命令，不要说“我们十分钟后离开”（小孩子都没有时间观念的好吗），直接帮她把衣服、帽子、手套都穿戴整齐，她自然明白马上得跟着你走了。

强化孩子良好的行为 当孩子把一件事做得漂亮，比如，在没有人提醒的情况下，他就知道在前一天晚上把书包整理好。这时，不要吝啬你的赞美，用你的语言神情肯定他的努力，让他知道你把他乖乖的行为全都看进了眼里。当他因为你的肯定而有成就感的时候，他不仅会欣赏自己的行为，还会在下一次再接再厉做得更好。

做事有原则 只有让孩子知道什么该做什么不该做，孩子才能正确成长。要让孩子知道有些事情是没有商量余地的，他就不会乱发牢骚、吵闹甚至是跟你顶嘴啦。

过渡期很微妙

不管是给孩子换掉一个已经熟悉的保姆阿姨，还是孩子从幼儿园升到完全陌生的小学，或者是孩子第一次离开家里去野营在外面过夜，都需要时间和心理上的过渡。在完成过渡的时间里，父母的支持和关心都可以让孩子在心理上更好地去转变和适应。以下是一些小窍门，可以帮助你的孩子平稳过渡：

把感受说出来 问问孩子什么是他留恋的，面对未来的不可知，他可能也会担忧。分享一些你的亲身经历，给予他情感上的支持。

做好心理铺垫 可以和孩子一起阅读相关的书籍，比如关于露营的图书。也可以鼓励他和有过露营经历、爱好露营的朋友去聊聊天，打消他的不安。

妈妈经

当孩子让你抓狂得想大喊大叫的时候，控制情绪，深呼吸，平静地告诉孩子你的感受。

妈妈经

让孩子把你的吻装进口袋。分开的时候，妈妈在孩子的手心印上一个吻，然后让她把吻轻轻放在口袋里。想你的时候，让她从口袋里掏出你的吻，印在她的脸颊上，感受妈妈的魔法亲吻，多么温情。

不要把情绪写在脸上 其实孩子很敏感，父母微妙的情感变化都能被他们捕捉到。如果在过渡期，你感到不安，可以找伴侣或者朋友倾吐一下，不要轻易在孩子面前泄露你的情绪哦。

当你的孩子最后一个被接走

不是下班后接了个重要客户的漫长电话，就是会议严重超时，要么就是路上堵得要命，总有一些出其不意的状况发生。一旦看到偌大的教室里，其他小朋友已经被家长接走，只有你家宝贝孤单的身影留在角落，眼含着热泪等着你来，你会是什么滋味？当他一下子扑到你怀里，开始哭着喊着控诉你："为什么不早来接我？"你恐怕心都碎了一地吧。不过，如果按照以下方式来处理，你肯定不会是一个不及格的妈妈。

电话求助 给学校的老师打电话，说你很快会到。如果迟到时间超过 15 分钟，可以给其他孩子的父母打电话询问，如果方便，是否能帮你接一下（但是最好提前就有过相关的约定）。如果都没有的话，迅速联系自己的家人朋友，看谁能替自己去一趟。

冷静处理 尽管你可能因为接孩子迟到而内疚得想流泪，但是要记住孩子不仅需要你的抱歉，更需要的是你的关心和安慰。向他解释清楚原因，千万不要轻易许诺以后绝对不会再迟到。因为，保不准以后还会迟到。

如何躲过暴风骤雨

对于许多上班族妈妈来说，晚饭也许会演变成一场暴风骤雨：当你拖着疲惫的步伐回到家里，从忙碌的工作中挣脱出来已经精疲力竭，一边是肚子饿得咕咕叫的孩子，一边是数不清、干不完的家务。看吧，风暴一触即发。偏偏孩子毫不顾忌你的感受，又开始嚷嚷着让你看他们在学校做的手工品，家里的狗狗也来凑热闹，冲着你们狂吠不止，你茫然地站在他们面前，就连晚上吃什么都毫无头绪！千万不要发飙，甩掉鞋子，来几组深呼吸，一步步遵循下面的作战计划：

1 准备点小吃食

尽快让孩子吃上东西。孩子一饿，根本不会多么挑剔，吃什么都觉得香。你可以准备点健康的食品，像是早就在冰箱里给他们装上了一碗水果，让他们先垫垫肚子。

2 给孩子多一些关注

孩子总是希望父母多关心他们。常常坐下来陪他们吃会儿零食，聊会儿天，可能只有几分钟，你可以轻松了解到他们在学校里的情况。

3 让孩子做个小帮手

孩子喜欢表现。即便是刚刚学会走路的小孩子，都可以帮你从菜篮子里取出蔬菜或者摆盘，你不仅能轻松一些，关键是他帮助了你会乐在其中，从心里升起大大的成就感。

4 给自己一点喘息的机会

你完全不必每天晚上都费尽心思整出一桌满汉全席，适当偷偷懒根本没问题。提前准备些饭团晚上热热，或是打几个鸡蛋放一些胡萝卜丝摊几张薄饼也没问题。晚餐变了花样，更像是早餐？孩子会由衷觉得，妈妈，你真酷！

注重亲子时间的品质

每天匆匆忙忙地下班接孩子放学，然后送他们去兴趣班学习，最后回到家，大家围坐在饭桌旁，真是难得的时刻！大家终于可以聚在一起，谈天说地，开怀大笑，享受互动的时间，分享彼此的快乐。可是爸爸一屁股坐在电视机前，只顾着看球赛，妈妈也不抬头，捧着手机忙着和好友发微信吐槽，孩子却一个人对着平板电脑玩游戏，这算什么亲子时间！真是让人着急，你们在浪费促进感情的好机会！如果有这样的情况，不如从现在开始，尝试着改变。

全家一起用餐 保证一周至少有三次和家人一起用餐。研究表明，享受和家人一起用餐的孩子往往成绩比较好，而且不容易沾染酒精和毒品，身心都比较健康。

让孩子打开话匣子 和孩子一起吃饭或是哄他睡觉的时候，可以引导他们具体说说今天都做了什么。不要问课间活动的时候玩得开不开心，这些问题太不深入了，你应该询问他们，和哪个小伙伴一起玩了，那个小伙伴有什么好玩的地方这么吸引他，你完全可以用有趣的话题让你的孩子打开话匣子。

限定使用电子产品的时间 每个晚上选择一个固定的时段，切断与外界的联络。假设一下，7 点到 8 点的那段时间里，没有手机、没有电脑，把电视也关掉，不要任何电子产品的打扰，只有一家人，父母陪着孩子做游戏，给孩子讲故事，在床边哄着孩子睡觉，甚至可以交换彼此的小秘密，真的可以让你们的感情更加温馨。

懂得安慰孩子 如果因为你的迟到，孩子感到害怕、伤心或是失望，不要觉得孩子这样是不懂事的表现，应该让他把这些情绪尽情地发泄出来。然后认真地解释一下你迟到的原因，让他明白你已经尽最大努力赶过来。不管怎么样，请不要吝惜你对孩子爱的表达。

准时接送孩子

你得像一个空中交通管制员，让你的孩子在钢琴教室、英语口语班和游泳比赛场之间顺利穿梭。在教育要趁早的年代，一个孩子很可能就报了好几个兴趣班，每天要学习好几项课程，每周要进行好几场运动。要做到每场都不迟到，那可是相当厉害的！下面我们就要和你一起探讨如何避免赶场撞车的情况：

不要把行程安排得太满 开学伊始，在考虑孩子和父母承受能力的前提下，看看日程安排的可行性。想想你的孩子课外活动是不是很丰富，很愉快，而你并不觉得累？你可以取消他的象棋课，让他多和朋友聚聚会。你可以直接告诉孩子，为了身心健康，我们完全可以在超负荷的时候进行合理的选择和放弃。

选择拼车 看看你的同事邻居朋友或是孩子同学的家长有没有同样的安排，给孩子报了同一个兴趣班或者是顺路。如果有的话，你可以和那些父母商定好时间表，轮流接送孩子。多让孩子接触人不是坏事，而且这样的话你们都会轻松很多。

你甚至可以拜托别人 看看学校的教练、老师，运动队的领队、课外班的老师或是兴趣班的负责人，是否有时间，付给他们一定的费用，问他们愿不愿意送你的孩子回家。

找个信得过的司机也很靠谱 你可以找个负责任的司机，他可能是一个你知根知底的大学生，也可能是你一直坚持善行，上天特地派来帮助你的好心人。你付给他服务费，他也要遵守相关的约定。比如车里除了司机和孩子之外不能搭载其他人，一定要系好安全带保证万无一失。

妈妈经

抓住时机沟通。开车的时候，坐在身旁的孩子会向你吐露心声。这样不像面对面说话那样尴尬，坐在你旁边，哪怕聊起她被哪个朋友冷处理了，气氛也会轻松很多。对于已经渐渐有了心事的孩子来说，这是你很好地和他沟通的机会。

如何减轻愧疚感

很多妈妈难免有遗憾，因为总是因为一些事情耽误，从而缺席了孩子的成长。调查表明，有 83% 的职场妈妈，因为不能参加孩子学校的活动而心生愧疚。事实是所有的妈妈都不敢保证每次都能随叫随到，下面我们就来看看如何应对学校的那些事儿。

拍下你不能去的现场

尽管你很想和老公一起看孩子在圣诞节表演的节目，但是你的公司却派你去外地出席很重要的活动。如果出现这种情况你可以请亲友替你捧场，拍下视频。尽量早些腾出时间，和孩子一起观看演出视频，你的赞美会让他觉得，你并没有错过什么。

关于“你为什么不能”的问题

“你为什么不能每天陪我去上学，出席我在学校的每一次活动？” 事实是，这对于在一个有全职工作的妈妈来说太难了，因为时间不允许。不过，在圣诞节到来之前，去学校帮忙布置一下教室，你应该会有时间，这对孩子来说也是一种补偿。

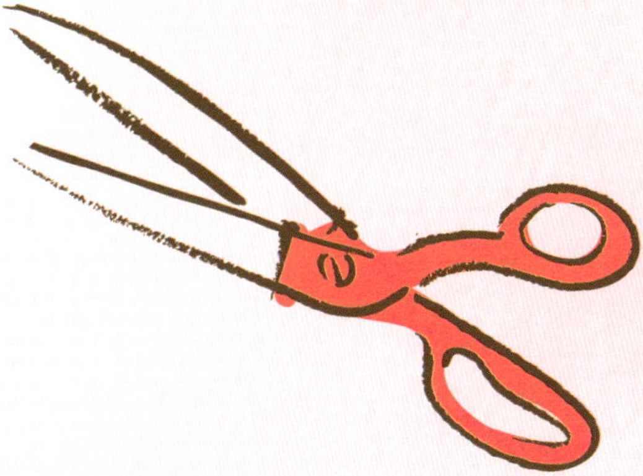

和老师保持良好的沟通

新的学期开始了，送孩子去学校的时候就跟老师解释清楚，由于白天要上班，不能常来学校，可能会错过一些学校组织的活动，是不是能换一种形式也参与到其中。比如利用晚上的时间，为学校的演出做些手工艺品或是利用自己的资源为学校的志愿活动做些小小的贡献。

“你为什么不能为我做点事情？”当孩子对你产生这种怀疑的时候，一定要抓紧时间做些什么，来扭转孩子的印象了！一定要你让孩子感觉到，你用心为他做了一件很特别的事情，而且这种温暖的场景十分值得日后你们一起回味。

“你为什么不能去竞选家长委员会负责人？”大多数的孩子都希望自己的妈妈成为家长委员会的负责人，可是非常不巧，当委员会在开会的时候，你不是在上班就是在加班。其实这也没什么，让孩子知道你不是无所不能的超人，让孩子早点体谅你的辛苦，也不是什么坏事儿。

妈妈经

作为一个上班族妈妈，最头疼的就是学校想当然地认为，所有的女人都是全职妈妈。或许，开学的时候你就该给学校写封信，“对不起，我得诚恳地承认我不是个贤妻良母，如果您知道谁是，可以邀请她来帮帮我们家的忙。我们家不仅有一堆脏衣服，一摞盘子碗没洗，房子也要打扫了，可是我还得上班，实在是忙不过来了。”

关于晚回家

要不是逼不得已，谁愿意把陪孩子的时间奉献给老板？如果你回来晚了，可以找些特别的方式安抚一下孩子。要么睡前给孩子讲故事；要么就等孩子睡着的时候，来个温馨的拥抱。相信我，他一定能感受得到你的温情。最重要的是，如果你和孩子都觉得错过了重要的时光，那就刚好可以为下一次出游或是家庭聚会找到了好借口。“这次已经这样了，下次可要尽兴啊。”

不要有负罪感

有一点需要注意，对孩子的爱要有度，不要因为负罪感想要补偿，就过度地对孩子好。出差回来，给孩子带了轻易不会答应买的礼物；或是晚上加班了，就去买几个冰激凌让孩子放开肚子吃；或是再看一集电视吧没问题；再吃一块饼干吧没问题；晚点睡觉吧也没问题……其实这些都是问题！想想吧，对孩子这种溺爱式的补偿，确实能让他开心个一时半会儿，可是当他在以后的人生中遇到令他失望的情况，他该怎么处理？谁会来补偿他？

让孩子多看一小时的电视，不如给他真正想要的——其实很简单，就是父母的关注。和他好好聊聊你不在的时候，他都干了些什么，你也可以告诉他你都做了什么。让他感受到，你即使不在他身边，心也在他身上。

不要老是觉得自己不称职，记住你也是个普通人。不要总是想树立高高在上的形象，俯下身告诉孩子，妈妈也有犯错误的时候，需要时间来改正，下次你能做得更好。

说“不”的艺术

你希望在别人眼里，自己是一个热心学校活动的活跃妈妈。谁都无法否认想要成为优秀的父母，但事实上，上班族妈妈更应该学会的，是优雅地说“不”。不如现在就开始练习，大声地说：“我很想参加学校的家委会，但实在是太忙了。”在这里，我们还会奉上一些委婉拒绝的方式：

拖延战术　可能一开始，你并不好意思果断地拒绝别人，所以有必要学习一些拖延战术。比如说，“回头我忙完手上的事儿再告诉你”，或是“等我看看这几天的日程安排”。这样，你就为自己赢得了好好考虑的时间，看看学校的活动是不是和你的工作生活产生了冲突，再做决定。

“我回头再给你答案”

采取“换一个”策略　不要轻易答应超出自己能力范围的事情，给自己留条后路才是真理啊。你可以非常友善地说：“我不擅长做饼干，可是我很喜欢制作卡片。”

要有选择性　每年要参与多少个学校组织的活动，活动类型是不是有重复，你可以精心地过滤一下。如果你已经同意参加一个活动，别人再发来邀请的时候，你正好可以底气十足地拒绝了。

“让我看看日程表”

记得不要把话说死　即使你有一万个心想要帮忙，但是你实在不确定时间是不是允许，就不要把话讲得太满。你可以告诉别人我可能帮不上忙，但是如果时间允许的话，我非常愿意试试。这样说的话，无论你有没有帮忙，都不会让别人感觉不舒服。

准备佳肴

在《职场妈妈》发起的调查中，许多上班族妈妈认为，做菜对她们来说，是一件很有压力的事情。但同时她们也跟我们分享了她们烹饪家常菜的实用技巧。我们先来看几个：

把老公和孩子们叫过来做你的帮手，而且你可以每隔一天煮一顿新鲜饭菜（中间完全可以穿插着吃剩菜和叫外卖），也可以准备一些速冻食品或是提前腌制一些小菜。

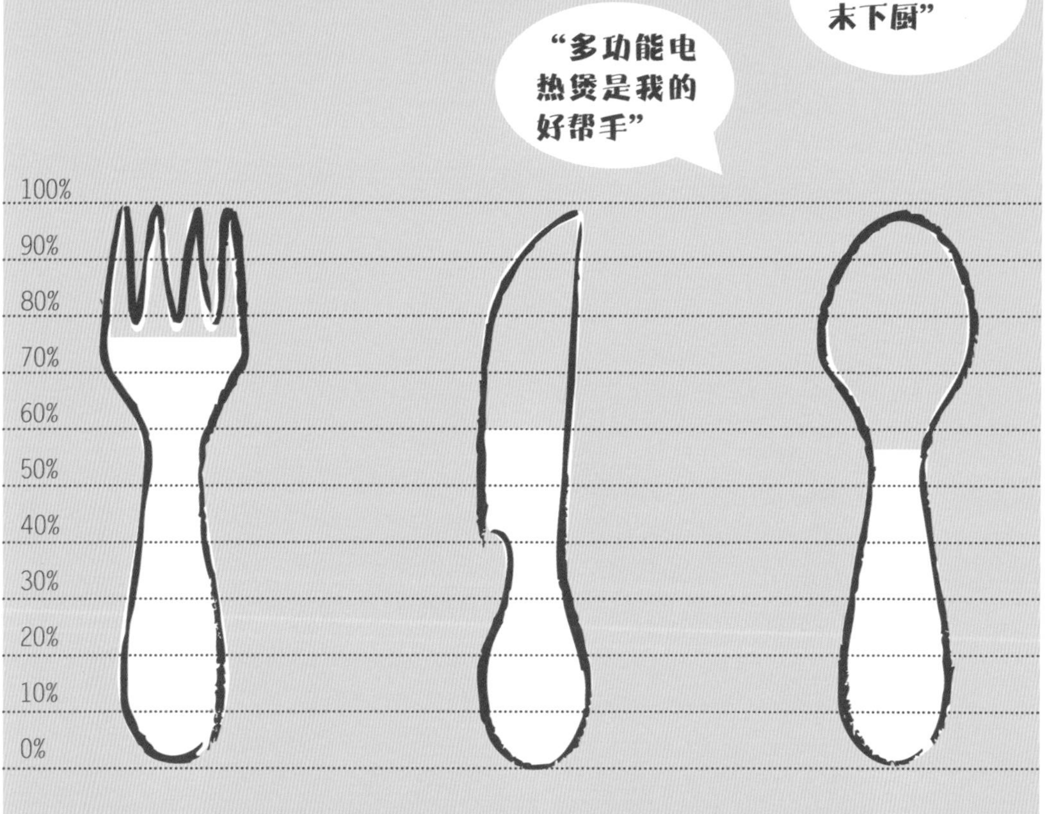

76%
只有找捷径，才能应付这繁忙的生活。

60%
要做一桌子菜的话，我会选择简单、快捷的，15 分钟能就能搞定几道菜的那种。

57%
大多数晚上我都匆匆忙忙地在准备一顿健康的晚餐。

适当的放空

我们都需要休整的时间。是的，不管是父母，孩子，还是猫，我们都需要。下面教你如何放松一下：

专门腾出时间 要给自己留出一块“家庭闲暇时间”，比如把它安排在周日下午。这段期间，取消所有的邀约，当然了也把家务放下，尽情品味悠闲的时光。

关闭所有电子产品 彻底结束被各类高科技电子产品占据的生活。

不要闷在屋里 可以寻找一处新的公园，哪怕只是去小区逛逛。也不要让天气影响你出行的心情。

也可以在某些时候宅起来 你应该做到，可以和大家一起玩，也可以自己安静地独处。一个人静静地玩填数字游戏，看看书，玩会儿孩子的玩具。对了，有时候，你就应该像小孩子一样，一会儿跟别人玩，一会儿跟自己玩。无论怎样，你都不会寂寞。

给孩子准备些玩具 要培养孩子自娱自乐的基本技能，并且给他们锻炼的机会。可以准备些道具，如：打扮娃娃的小衣服、盖楼的积木，还有过家家用的锅碗瓢盆。

向着新的一天

亲爱的妈妈，不要因为家人有时不开心，就觉得自己整天忙里忙外都失去了意义。放下你的心理负担，你已经做得很棒了，有些时候一些事情没有达到你的想象，并不是你的错。睡觉前，想想今天的劳动成果，不管是工作上的，还是你做的家务。这比一直纠结今天孩子是不是穿得整洁、穿得暖和、有没有吃饱，是不是轻松了很多？亲爱的，你并不是超人，有时候，要自己去制造和寻找快乐。

妈妈经

不要苛责自己，因为每个人能做的都有限。

7

一起成长

也许你觉得自己工作平凡，可是你的宝贝根本不那么想。在他很小的时候，就觉得妈妈从事的职业总是闪耀着光环，值得他仰望和崇拜。所以你一点都不用奇怪，你的小宝贝喜欢在公共场合搂着你，抱着你，亲吻你，狠狠表达他们的爱，好像一个不注意，你就会被别人抢走做妈妈似的。陶醉在这样的温暖和满足中，有一天，你突然发现，孩子已经进入了青春期，成为小大人了。

其实孩子从少年时期开始，你就会不经意地发现，他开始有点不一样了。比如在公众场合开始抗拒和你表现得过度亲密——你像往常那样把他送到了学校门口，不等你伸出脸颊，他已经拎起书包跑进了校门。他开始吝啬他的吻了。但是回到家中，他好像又什么事情都没有发生一样，一如既往地黏着你。是的，当孩子渐渐长大，许多情况就开始不在你的掌控之内了。他们的日程排的满满当当，连你自己都怀疑你的儿子是不是有时间做其他事（实际上，他有）。但是有件事他可能真的没时间了，那就是陪你。

我们知道，长大意味着要学会独立、勇敢、乐观，成为一个肩膀上能够担当的人。当然，我们希望我们的孩子长大后都具备这些品质。然而让他们成为这样的人，并不是一件容易的事。因为一旦他们需要帮助，你就会忍不住想要伸出援手。本章节内容，我们就将告诉你如何应对突如其来的挑战，并且提前做好预案。

鼓励孩子独立

培养孩子的独立意识，从长远来看，不仅有利于孩子成长，还能让你省不少心。虽然你并不在意他的独立让你少操了心，你更看重的是，他们越独立（或者得到妈妈的帮助越少），性格就会越自信，从而越容易成长为优秀的人。

让孩子早点起步 当女儿走都走得不太利索的时候，不要觉得不忍心，就让她做点简单的事儿吧，像是让她自己晃晃悠悠把玩具放回整理箱，把刚喝完的奶瓶放进厨房等着你清洗。虽然说你自己收拾这些会比她快很多，但是让孩子参与进来，告诉她做得很棒，慢慢地向她灌输为家庭承担一些事情的责任感，让她觉得自己作为家庭的一员，得到了很多关注和期待。

让孩子自己选衣服 孩子上幼儿园的时候，就开始让他自己学着穿衣服。头天晚上选择第二天要穿的衣服时，也让他自由搭配。尽量不要对他的决定评头论足，因为这样很容易让他没有成就感。还有，即使内衣或者T恤穿反了，又有什么关系呢？重要的是，孩子能自己把衣服套上了。这很值得鼓励。

顺其自然 如果某天晚上孩子跟你抱怨，说做功课分分钟都是煎熬，一点都不想做了，或者告诉你他再做下去，想死的心都有了。这种时候，不要急着去批评他们，你可以告诉他们，一切由他们自己决定。就算是第二天他两手空空地面对老师觉得超没面儿，或者是需要另外花时间补上功课——他既然做了决定，就要自己承担结果，不管是坏的还是好的。

准备好了吗？还没准备好？

还有一个问题，让家长们很是挠头，就是时时刻刻都在牵挂孩子，不知道孩子究竟几岁的时候才可以不用整天待在父母眼皮子底下，放他们自己出去玩耍，自己上下学，自己在家。如果说有一个国际通用的标准，用来指导家长什么时候该放手就好了！可惜并没有这样的标准。是的，有的孩子就早熟，而有的孩子，成熟得很晚。

妈妈经

多和孩子聊天。他们其实并没有那么爱看电视，那么爱买东西。有时候，他们只想和你说说话。

妈妈经

“我和老公周一到周四晚上六点半就会把孩子的手机收走。周五到周六要求孩子手机只能玩到晚上9点，周日是晚上8点。这样能有效地避免他们沉迷于玩手机游戏，而把作业和家务扔到九霄云外。”

评估孩子是否可以独自出行 有一些迹象表明，孩子完全可以独立出门了。其中包括：过马路的时候会注意交通状况，不会横冲直撞。另外，对基本的交通规则很了解，知道红灯停、绿灯行，不要在马路中间逗留。不过话虽然这么说，很多孩子从小就知道这些，但是一般得到十岁左右，才可以自己独立出门。

让孩子和朋友一起出行 当孩子开始挣脱你的怀抱，要求和朋友出行的时候，不要一口答应，先试试行不行。可以先带女儿和她的小朋友们一起去商场，让她们每隔半小时向你汇报一次。如果你的孩子表现不够成熟，你就可以直接拒绝孩子此类要求，耐心地鼓励她，等她再大一点的时候，再满足她的心愿。

培养孩子单独在家的能力 如果你的孩子已经有八九岁，不需要时刻拴在腰带上看护，而你又临时有事需要外出15分钟，只要孩子同意，留下他一个人在家也没什么大问题，只要你把门锁好，嘱咐他不要轻易给陌生人开门，然后带上手机随时保持联络就OK。如果你的孩子不仅能照顾自己，还可以照顾好你们家的狗狗和猫咪，他已经是个独立的好榜样了，一个人在家肯定没问题。

让青少年打开话匣子

青春期的孩子不仅在长身体，脾气性格也在发生变化。这个时期的他们，通常会比较叛逆。曾经那个像橡皮糖一样黏人的小可爱，一到了人多的地方就恨不得跑得离你十万八千里。不仅如此，他和你之间的共同话题也越来越少。没准在他的卧室门口，已经贴了“请勿进入”的纸条，他的柜子和抽屉更是禁止你靠近，更不要提他的包包和日记本了。这个时候，千万不要觉得心理上有落差，要理解孩子还不懂事，他们有时候会无法正确地表达自己的感受。接下来我们将教你如何打开孩子的心扉：

学会聆听小事 孩子也会暗中观察，如果你关心孩子生活中发生的零碎小事，他就会信任你，把大事也告诉你。如果女儿向你抱怨了几句讨厌上数学课，你应该放下手中的 iPad，认真听听她在想什么。

“你根本不了解！”

千万不要说教 很多父母总觉得自己是过来人，就喋喋不休告诉孩子什么可以做什么不可以做。可是很多时候，孩子只是单纯地想要发泄一下情绪。如果你的孩子向你抱怨“英语课上琪琪表现得真差”，千万别急着提醒孩子不要背地里说别人，除非你想冻结你们的谈话气氛。不如试着问问他，琪琪怎么回事儿啊？然后和孩子展开一场大讨论。

“我的老师讨厌我”

引导孩子做选择 提醒孩子从不同的角度看问题，引导她思考自己的行为会造成怎样的后果。然后，让他自己去做决定。

寻找合适的谈话时机 不要在儿子和小伙伴们凑在一起看球赛的时候，一屁股坐在沙发上，开始八卦他们班级里有没有人早恋。想问什么的话，可以叫儿子陪你一起洗碗，一边劳动一边聊天。或是等孩子踢完了比赛，你接他回家的路上，趁着他高兴，多问点你想问的。

学会写信 也许你觉得这种方式有点过时了，不过写信确实能够冷静又详细地表达你的感受。你可以在信里告诉他自己为什么会生气，会伤心；也可以在信里告诉他，你非常希望得到他的回复。这是很柔情的沟通方式，不会让你们彼此觉得针锋相对。

“让我一个人静静”

警惕青少年精力透支

眼下，有许多青少年热衷于恶搞，让自己看起来很另类。其实，他们并不是闲得没事干，故意拿别人开涮，他们这样做是有深层次的原因的。想想吧，高中时代的他们每天要面对多么大的压力。很多高校里的老师都认为，大学新生是“脆弱的人”，简直“不堪一击”。因为很多新生在结束了高考，进入大学的时候，已经心力交瘁，很容易情绪崩溃。

幸运的是，你的孩子已经具备了同时处理很多事项的能力。毕竟，作为孩子的妈妈，你多年来以身作则，不仅要在工作上应对各种各样的状况，还要在家里张罗大事小情。接下来，我们就给你一些提示，让你把已经掌握的技能传授给孩子。

进行时间管理　不管你已经掌握了多少项技能，合理安排时间都是不能跳过的必修课。你可以给孩子演示一个新的工作项目推进的时间表，告诉他怎样规划安排时间才能保证完成所有任务。把你的技巧和窍门告诉孩子，让他想一想如果是自己执行一项任务，会怎么做。

客观评价孩子　老板不会因为你发过的一封邮件，就夸张地鼓掌：“你做得太棒了！”孩子并不傻，他能体察到你真实的感受。所以在评价孩子的行为时，要诚心实意地表扬。如果你夸大其词，孩子一定可以听出来。

提升责任感　你肯定知道，工作是培养责任心的重要途径。

让孩子早点去接触不太理想的工作环境，比如在他上了高中以后鼓励他去兼职，哪怕是去快餐店，他一定会遇到同事不配合、老板难搞定或者工资很低这样的情况。注意聆听他的感受，不要轻易介入或是试图帮他搞定。

有张有弛。为了保证家人的心理健康，定期组织家庭休闲活动。不管是电影之夜，和你的老公孩子一起捧着爆米花看惊险的好莱坞大片，还是周末组织家人去近郊踏青，哪怕只是穿着家居服，一家人泡在一起吃饭、聊天、打扫卫生，都是不错的主意！如果孩子要做的事情太多，就让他放放，或是替他请个假，没关系的。

不要走进完美主义的怪圈。要让孩子知道不是什么事情都需要尽善尽美，这也算是你的经验之谈。告诉他，有些事情只需要完成，而不是完美，因为你需要时间和精力去处理更重要的事情。告诉孩子比起为失败伤心，更重要的是吸取经验教训，去改进，去完善。不要害怕影响自己的形象，跟孩子分享一些以往遭受挫折的经历，告诉他们正是这些糟糕的经历帮助你成熟，他会觉得你很值得信任。

树立正确的金钱观　等孩子更独立一些，有必要向孩子灌输一些理财观念。即使是年少一点的孩子，都应该知道如何打理零用钱：把一部分存起来，一部分购买自己需要的物品，当然了一部分可以捐给有需要的人。不要担心孩子拜金，不要一味地教育孩子不能向往高物价的东西，你可以试着鼓励他去买一些价钱比较昂贵的物品，这样会让他们产生攒钱的决心。

妈妈经

在时间管理上，给孩子树立一个好榜样。不要凡事面面俱到，或者让自己陷进忙不完的大事小情里。这样才能培养孩子积极健康的心态，从小就对有些事情说不。

新媒体的圈套

孩子成长过程中，免不了调皮捣蛋甚至闯祸。在新媒体盛行的时代，他们的一些行为很容易就被传播，造成无法挽回的影响。所以，父母需要在很多时候引导和监督孩子。要让孩子知道，你会查看他的微博主页，也会关注他的朋友圈。让他们清楚这一点，他们才会有顾忌，下次想要发表什么另类心情的时候，会三思而后行。接下来，我们将讨论，怎样监督孩子在网上活动的信息。

当孩子不和你互粉

问问为什么孩子不在微博上和你互粉，听听他的回答。如果他对隐私有所顾虑，你可以保证不会随便上传他小时候的照片，让他觉得难为情。但是你也得让他知道，你会时常查看他的主页。如果他加你为好友了，别得意得太早，没准那小子已经对你设置了权限，更新再也不对你可见了！

当不雅视频疯传网络

当你的孩子能一连做几个后空翻，你可以告诉他这样的视频上传网络是很有趣的。但是不要忘了提醒他，不是所有的视频都适合传到网上。明确告诉孩子绝对不能上传的视频有：醉酒或涉及性行为的不雅视频，针对争议话题和同学进行激烈辩论的视频，还有说起来你可能不信，但有时候它确实存在的——一些犯罪的视频。一定要严肃地告诫他们：如果他的这些视频不想让你看到，那就别上传到网络上，也不要和别人分享，因为没有不透风的墙。

女儿有没有发送黄色信息？

虽然我们知道，在互联网如此发达的年代，限制级的内容也会被广泛传播。但是你可能难以想象，青少年中会有相互发送艳照的现象，还有一些赤裸裸的黄色短信。那么如何才能知道，孩子发了黄色短信或者被黄色短信骚扰了？不要觉得难为情，你必须和孩子交流。告诉孩子，发送这类短信是不对的，而且存在一定风险，说不定转发一张裸照就会让她惹上麻烦。

孩子做了什么？！

你不得不承认，孩子在网上会变得神通广大，不仅能进行信息传播，还能通过各种各样的渠道接收不良信息。说不定你的孩子就有一个背着你使用的微信账号，加了些乱七八糟的人。为了保护孩子隐私，要明确告诉他，对信息的公开应该谨慎小心，严格把关。一定不能公开自己的个人隐私，包括：名字、家庭住址和电话号码。

小调查

你的孩子听话吗？

72%
有时候

19%
听话

7%
很少听

2%
从来不听

如何应对孩子异常的心理行为

由于科技和网络越来越发达，青少年的社交范围变得前所未有的广泛，他们的成长速度远远超出我们的想象。这使得他们的生活遇到了更多考验，面临的问题也更加复杂。总结起来，青少年面临的几大问题主要有：过度饮食、酗酒、吸烟甚至是吸毒、焦虑、抑郁、早恋以及过早地发生性行为。这些问题常会伴随着一些征兆，不注意的话很难发现。所以，当孩子出现性情突变、睡眠和饮食习惯不规律、穿衣品味有所改变、花销变大、变得神秘兮兮情绪不稳定的时候，一定要警惕。下面提供一些小窍门，供你参考：

家长的怀抱随时为孩子敞开 让孩子懂得，碰到棘手的事情，你一定会伸出援手，而不是横加指责。更具体一点，向他承诺，如果有什么事情的话，任何时候，任何地点，你都会去接他。

提前打好预防针 主动和孩子讨论一些敏感话题，不要觉得一谈到性就难于启齿，这没什么好回避的，你越是闪烁其词，孩子就越觉得神秘，所以在问题出现之前，你得提前打好预防针。

认识孩子的朋友们 研究表明，如果和朋友在一起，青少年更容易做出危险行为。所以，你可以做上一桌丰盛的饭菜，准备许多健康食品，让孩子把朋友请到家里来做客，你就可以趁机认识孩子的朋友们。记得和孩子朋友的父母，也要保持良好的沟通。

回馈社会 研究表明，经常参与志愿活动的孩子，即便每个星期只参与一小时，和其他没有做过志愿者的孩子相比，暴力倾向会更小。做志愿者能让孩子发现自身的价值，不仅和更多人沟通，多掌握一项技能，也可以让他们对社会有更加深刻的认识。

永远为孩子腾出时间 虽然他看着已经像个小大人，能够独立自主，其实不然。孩子非常需要父母的陪伴，特别是在困难时期。请注意，随着孩子的成长，你并不是越来越不重要，而是对他来说，越来越意义重大。所以，在他们遭遇困境的时候，适当地调整你的工作日程，或者减少工作时间，花点心思陪伴他们。

时刻准备着

孩子一天天长大，意味着家长每天都要面临新的问题。可能你 8 岁的女儿，已经学会了伸手让你给她买苹果手机，10 岁的孩子向你抱怨她再也不需要保姆了。14 岁的孩子呢？可能你都不知道她想要什么，因为从昨天早上开始，她就没和你说过话。就算孩子的一切都已经步入正轨，没有什么太大的问题，但是你们需要面对的问题仍然有很多：学业压力、同龄孩子的竞争、暗恋、没由来的逆反心理，还有看什么都不顺眼的暴脾气。

妈妈经

“妈妈对孩子的期许，应该随着孩子的成长而改变。每个妈妈都应该根据孩子成长的不同阶段来规划她的人生。”

8

数码生活

不管什么时代的母亲，都肩负着同样的职责，也有着一样的纠结。她们想要把孩子培养成坚强、自信又独立的人，又按捺不住把他们留在身边的冲动。为孩子操了这么多心，一旦意识到自己不是孩子最好的朋友，妈妈们会瞬间变得好失落。

亲爱的妈妈们，不用太在意，其实妈妈是陪着孩子一起成长的。失落是每个妈妈成长的阵痛，是不可跳过的一个过程。孩子们是很需要父母的，即使他们很多时候都嘴硬，不肯承认。

半夜醒来上厕所，顺便查看一下邮件——你是个上班族妈妈，经常使用电脑工作是必需的。在翻阅邮件的时候，你在想，要是当自己不耐烦的时候，也能把孩子调整成静音状态的手机，给你一会儿喘息的机会，该多好啊！在这里，我们想告诉你，不管是电脑还是手机，这些高科技的电子产品，不仅能协助你开展工作，也可以帮助你照顾孩子，不要浪费了电子产品的作用，更不要觉得这是两个极端，你完全可以找到平衡点。

实际上，像智能手机、平板电脑等电子设备，会让你像是掌握了分身术一般，就算没有和孩子在同一个地方，也能尽到母亲的责任。你完全可以借助科技产品，实现督导和追踪。比如：中午在单位的休息时间和你调皮的孩子视频聊天，看看他有没有跟阿姨捣蛋。或者，你也可以给你的乖乖女发语音微信，指导她怎样去完成课外实践的报告。当然了，你也可以给青春期总是躁动的大孩子在移动设备中装载GPS，得知他是否正在骑车回家的路上，不过这要事前征得孩子同意，不要让他觉得自己被监控了，产生逆反心理。实现这一切预想的关键在于，你能熟练掌握这些电子设备。如果你准备好了，就跟随我们一起，看看如何利用科技设备提升育儿工作的品质。

网络时代的存在感

我们知道作为一个上班族妈妈，你除了想照顾好孩子，也想在工作上有所作为。所以我们先来说一说，怎样借助电子产品来提升你的工作能力，让你成为一个具有新媒体实力的辣妈。

如果有人尝试百度你的名字，他按下回车键以后会发现什么？什么都发现不了并不是最糟糕的，因为很可能你和网上通缉的罪犯同名！即使他知道这是巧合，可事实是你也没给他留下多么深刻的好印象。不如下点功夫来提高你在网上的识别度，如果你是个文艺工作者，可以尝试着建立个百度百科或者上传个表演视频什么的，在应聘新公司或者有人对你感兴趣的时候，他们可以更直观地了解你。如果你是想做自由职业，在家就可以工作，隔三差五接洽个小项目，包装自己会更显得更加重要。下面就教你如何开始：

建立个性标签 首先发现自身与众不同的特质，找个特别又合适的标签。这个标签不仅可以贴切地展示你的个性，还能向人展示你理想中的职业是什么。你在网上投放的简历中，一定要贴上你精心设计的标签。比如，不要被现在的职业头衔束缚住，而是去思考自己为之奋斗的、梦想得到的那个头衔。即使你现在是个项目经理，你也可以称自己是一个“策划达人”。

建立个人主页 在新媒体兴盛的现代社会，你可以关注微博，可以开通朋友圈，也可以申请自媒体。它们完全可以成为你展示自己的平台，让你潜在的客户或者未来的老板更加清楚地了解你的能力。你可以上传自己的作品，或者成功案例，关键在于，要让你的主页体现出你的水平并且及时更新，否则只会适得其反。

创建一个在线资源库 你可以在你的主页撰写个人小传，那也许比简历更吸引人，可以贴上你写的文章或是拍摄的作品，当然了如果你有几个随时会捧场点赞的朋友，他们能为你增色不少。你的微博和朋友圈里也许有你想要争取的资源，也许在面试下一份工作时，老板会主动问你有没有微博，他

（转 97 页）

妈妈经

闲暇的时候在博客上分享一下妈妈经和兴趣爱好能缓解我的压力。

科技产品方便生活

作为一个与时俱进的上班族妈妈，你可以借用各式各样的科技产品，让生活更方便更美好。下面介绍如何灵活运用这些科技产品：

1 **下载软件** 现在手机上的软件真是包罗万象，晃晕你的眼！有的软件能帮你列购物清单，有的可以帮你记录大大小小的家庭消费，有的软件虽然是看起来不太高明的游戏，可是能让你在办理各种业务没完没了排队的时候，好好娱乐消遣！

2 **时常发微信** 你不得不承认，微信太方便了！和你的老公直接语音就可以商量好，你们家的大宝贝踢完球赛、上完小提琴课后，到底谁去接。

3 **安排好日程** 在本书的前几章，我们提过老土的日历也可以发挥重要作用，记录你的家庭日常活动。其实，你还可以再建立个文档备份，传送给你的老公，让他也存在自己的电脑里，经常关注孩子最新的动态。如果孩子有需求，给他也发送一份。

4 **随时追踪** 当孩子大一些，能用手机的时候，选个有GPS 定位追踪的手机。不过，不要让孩子觉得你是想时时刻刻监督他。

5 **收藏店铺** 现在，很多网上商城和淘宝店铺，都可以淘到物美价廉的东西。你可以经常浏览，发现经常搞活动的或是极其有情调的店，就点收藏。这样，你没事时可以浏览下，看看有什么自己家里需要的。记得一定要理性消费。

们想要在选择聘用你之前更加深层次地了解你。

利用微博来提升你的知名度 如果你下定了决心，想要管理好自己的微博，让客户、未来的老板和更多人及时掌握你的专业动态和项目信息，就要坚持下去。没有什么比微博六个月不更新无留言更糟糕了。

积攒关注度 你可以做个活跃分子，提高自己的关注度。在评论其他相关微博时，可以复制自己的链接。

社交网络

网络无疑是发现就业机会或是合作伙伴的最佳途径。因为越来越多的公司在招聘时，会借助网络。当务之急，就是要让别人在网上发现你。

展示专业素质 充分运用网络平台，展现你的专业素质。例如：多加一些和你工作或者专业相关的名人微博，或是关注一些协会。当然了你可以在招聘网站投放你的简历，记住要时刻保持自己的资料更新，上传一些你最近反响不错的项目方案。包括你的最新照片，给人的第一印象很重要。还要记得将你的个人资料设置为公开。

守护私人空间 越来越多的企业喜欢在QQ、微博或者微信上打广告，发链接。保证私人空间不被打扰的最好方法是，把工作的和生活的账号分开。最直接的方法是有两个账号，一个工作的，一个私人的。私人的账号设置权限，只对亲友可见。你肯定不想你的太多信息被晒在你的QQ或者微博上，让你的老板觉得你很闲，或是直接就让新的工作机会泡了汤。

你好，网络达人！

上网购物、聊天、刷新闻，的确能轻松打发时间。可是一不留神，你的时间就像你的手机流量一样，迅速蒸发。你

妈妈经

将电子产品放一放，能让你更好地享受时间。可能连你自己都没意识到，原来你被电子产品抢走了那么多时间，你本来能做更多有意义的事情。

可不想整天泡在网上，耽误了接孩子或给孩子做饭的时间吧，所以要约束自己适可而止，严格控制上网时间。比如：早上10分钟，中午15分钟，宝宝睡觉的时候30分钟，然后告诉自己其他时间不再开电脑，不要再没完没了地看手机。不上网就坐立不安，心神不宁？如果你已经有了网瘾，就赶紧戒掉吧！网络应该是方便和丰富你的生活，而不是让你的生活变得一团糟。

如果你已经是微博控或者是微信达人，这说明你很能顺应潮流，的确它们给我们搭建了很好的平台，方便我们和亲友联系。可是，如果你只是沉迷在网上的对话，却想不起来自己上次和姐妹帮逛街吃大餐是什么时候，赶紧放下手机关掉电脑，和她们好好聚一聚吧。有研究表明，朋友聚会可以让我们心理更健康，心情更舒畅。

朋友聚会的另一个好处，就是能从朋友身上吸收新鲜的能量。聚会时，信息的交流大多通过我们的身体语言、面部表情以及说话的语气来传递，而不是语言本身。所以，别再犹豫了，马上更新你的状态，吹响行动的号角，让闺蜜和好友们都知道你一下午都会待在公园，让他们快点来陪你，人越多越好。

邮件礼仪

如果收到让你抓狂的邮件，可能是老板的来信让你恼火，可能是你的老公说了什么不经过大脑的话，也可能是你的闺蜜吐槽过火触及到了你的哪根神经，也或许是刚刚和你有过争执的孩子处于青春期叛逆再次顶撞了你，亲爱的，一定要理智，不要在精神凌乱的状态下立刻回复。至少等上一个小时，冷静下来后，十有八九你会想得特别透亮，彻底把问题搞定，而不是没完没了地用电子邮件吵没有营养的架！在气头上回复邮件，你十有八九会后悔！所以，如果心情还没平复下来，不要按“回复”键。你肯定不想看到，你和老板关系尴尬，和老公来场冷战，和亲闺蜜都翻了脸，和你的娃水火不容！

小调查

最近，你又掌握了哪种新技能？

50%
我会玩微信啦

20%
我下载了应用程序

12%
我会玩微博了。

10%
我有博客啦

8%
我买了个平板电脑

电子邮件之五项须知

电子邮件最烦人的是，一旦你按下“发送”键，就无法回头。要是不小心发错了人，应该立刻再回复一封道歉，对你而言特别重要的人最好当面道歉。为防此类失误的发生，请遵循以下建议：

收件箱
已发送
邮件
聊天记录
草稿箱
垃圾箱

1 不要轻易谈论八卦

2 避免群发

3 再三检查邮件

4 注意说话的语气

5 最后填写收信人

微博在手工作无忧

没有微博的人，是非常 out 的人！如果你还没有，是时候去注册一个了！

要找工作，有一个微博账户很重要。可能有人觉得这没有必然联系，其实不是的。你完全可以在微博上关注你感兴趣的公司高管或者是猎头公司的相关人员，这样，你在微博上富有个性的留言，说不定会让你被注意到，成就你的下一份工作。以下是使用微博的基本准则：

1 要仔细调整微博内容 将发表的言论字数控制在 140 字之内，可以是搞笑的，可以是心灵鸡汤式的，也可以是容易引起争论的。尽量选择同事们都关注的话题，用词幽默一些，比如对最近非常火的现象或者是你们刚刚结束的会议发表你的见解。

2 学会使用标签 如果微博当中某些关键词涉及某个标签分类，会自动出现（＃）这个标签符号。这样别人在进行分类检索的时候，很容易看到你的微博。

3 不时转发 如果看到想要分享的微博，@ 你想要分享的人，可以引用原作者的微博。

4 累计粉丝 在微博上关注某人，意味着你能看到他所发的微博。如果花点时间对他们的微博进行评论，说不定有机会，他会和你互粉。

5 学习人气微博 看看人气微博都是怎么写的。比如，一个经典微博这样写道："在一个祥和、宁静的早晨，我上网搜寻了自己的症状，发现我死在睡梦中。"

电子邮件

究竟工作中什么时候应该发送邮件？一天发多少邮件合适？这是值得考虑的问题。

设置限度 你可以对每天发送多少封邮件设置一个限度。如果你的老板觉得你用邮件和客户交流完全不应该被时间限制，一周七天，全天 24 小时都可以，那么你就该好好想想怎样合理控制邮件，让你的生活不被工作打扰了。如果你读完邮件，发现不用立即回复，就等到上班时间再说，或是特定一个时间段统一回复，比如早上上班后和晚上下班前。

不要逃避 如果和同事在某些问题上出现分歧，发送邮件的确会让你们不那么尴尬，避免彼此的直接接触。但是不要忘了，当面谈谈或是打个电话，听听彼此的声音和语气，也能改善你们的关系。如果有可能，去办公室找同事谈谈，把事情摊开。

尊重他人 如果发生了某些事情已经无法挽回，或者听到某些坏消息，是不适合用电子邮件来交流的。因此，不要通过电子邮件解雇人、讨论病情或者慰问别人。

不要涉及隐私 请记住，工作中收发的邮件不是你的私事儿，它们在一定程度上属于你的单位，很可能被检索和检查，甚至在发生一些纠纷的时候用于法庭取证。所以，一定要记住一条真理：绝对不要在电子邮件当中提及你不愿意让老板让同事知道的内容。

收发邮件的时间要公私分明。 正如你不想工作邮件占用家庭时间一样，下班后才是回复私人邮件的最佳时刻。但是对于许多在家办公的妈妈或者是白天要和孩子用微信进行交流的妈妈来说，把一切私人联系推到下班之后，是一件很难的事情。虽然一些公司对此保持宽容的态度，但是无论如何，尽量在上班时间减少私人邮件的回复。

妈妈经

回家请把手机放一旁。相信我，明天一早工作还会在的。

手机控

手机在上班族妈妈的生活中所占的地位可是非同寻常的。我们可以尽情享受智能手机的便利，下载音乐、电子书、游戏和许多强大的软件，让我们无时无刻地享受轻松和娱乐。但是一旦沉迷于此，离开手机几分钟就坐立不安，或者到了孩子把你的手机藏起来才能引起你注意的时候，问题就非常严重了。（如果你有严重的手机依赖症，也不需要太自责，根据我们的调查，有 31% 的女性承认自己是个手机控）那么，怎么戒除手机瘾呢？

控制时间 你有没有在等红灯、吃中饭或是和孩子玩的时候，突然拿出手机查邮件看微信？如果是的话，你需要控制一下。把手机关闭 30 分钟，慢慢地延长关机时间，比如从晚饭时间开始到孩子睡觉之前都坚持关机。

标注邮件的缓急程度 如果你已经身居要职，很懂得尊重员工的私人时间，那么你会尽量控制自己，只在工作时间给他们发邮件。万不得已的时候，才在主题栏标注说明“急件”、或者是“24 小时回复”，不急的情况下你可以写上一句“仅供参考，无需回复”，你的员工一定觉得你很贴心。

考虑家人感受 即使你已经在职场上有所作为，可是你想过没有，是不是家人已经对你有了抱怨，不想再通过电脑手机来和你交流。就算是你闲在家中，你也很难享受和家人在一起的美好时光，而是不由自主地去看邮箱，唯恐错过什么重要的邮件？如果这些症状你都有，那么你是时候好好审视一下，对你来说生命中最重要的是什么。

增强家庭凝聚力

其实，如果巧妙地运用网络，你会发现你的家庭关系可以更加融洽亲密。比如在微信上，上传孩子涂鸦的全家福，或是和你一起烤的小饼干，赞一赞他表现出的天分，说你很欣赏他，留下一些鼓励的话语。注意不要表达得太过火，孩子很可能会觉得尴尬。

在你出差的时候，网络会方便你和孩子之间的联络。及时在微博或是微信朋友圈里上传你的动态，你拍的图片，你经历的事，你的感悟。抽出时间和孩子们视频聊天，（“你看，妈妈在这里”）。甚至睡前，你都可以通过视频给他读故事书，他也许不想错过每天晚上你的阅读陪伴，偷偷把你没有读完的故事书塞进了你的公文包里。

还有一点好处是，如果你和孩子的爷爷奶奶或是外公外婆分隔两地，你可以经常上传孩子的图片、艺术作品或是你拍摄的短视频，让孩子的长辈们觉得，你们一直在他们身边。

让电子产品做妈妈的好助手

发明电子产品，本意是让我们的生活更便捷，而不是更复杂，更不是增加更多的压力。它们能让我们在千里之外和孩子交流：给她讲故事，知道她是不是放学后顺利回了家，了解他晚上写完作业后是去打球了还是去朋友家玩游戏，或者只是知道他准备几点睡觉。当你传递出你的关心和思念，你立刻能得到回复和回馈，这是多么美好的事情。不过我们也要提醒你，如果你不小心把你的手机弄丢了，顿时魂不守舍，觉得这是“史上最糟糕的事”，那你真的有必要反思一下了。早在这些花哨的电子产品没有上市的十几年二十几年前，上班族妈妈们也要兼顾家庭和工作，可是他们并没有受到这样严重的困扰啊。

妈妈经

让电子设备成为你的帮手，跟年幼的孩子在Ipad上玩字谜游戏，这样当孩子开始自己上微博的时候，你就可以自然地说：我们互粉吧！

9

认清航向

也许上班族妈妈都有过这样的感觉，时间就像掌中的沙，稍不注意就转瞬即逝。而妈妈们，就像是开启了自动模式的飞行员，每天在单位和家庭之间飞来飞去，难以停歇。每过一段时间，妈妈们就会觉得身心俱疲，难以应对。这样的生活无所谓好坏，只不过我们应该经常停下脚步，认真看看我们身后的生活，是不是还有一抹鲜活的色彩。

要是没有特大项目让你忙得晕头转向，要是公司运转离开你几天根本不会乱套，就休个年假吧，或者请几天假，停下你匆忙的脚步，跳出来看看你的职业规划，把你的情况好好想透彻：现在的工作是不是适合你？你工作得愉快吗？你的工作状态会影响孩子的心情吗？你的老公快乐吗？相信这些问题都不难回答，如果答案都是大大的“Yes”，那再好不过啦。如果都是“no”，你就有必要想透彻，到底是什么原因造成了你和家人的不开心。

对于职场妈妈来说，最终目标不过是想要在工作和生活之间找到一个很好的平衡点，不管走向哪边都是走向快乐。本章节，我们将为你提供一些方法、策略和建议，来帮你达到最终目标。虽说不可能在你放下书本以后就立马奏效，不过我们相信如果你坚持的话，很快就可以。

请假

有些妈妈，虽然产后回到了工作岗位，心态却发生了明显的变化。她们的积极性明显减弱，总是不由自主想回家陪孩子。你是不是也站在这样的队伍里？此时的工作，已经完全不能激发你的斗志，相反只会让你觉得费力劳神，你总是在有点事情忙的时候就烦躁，觉得自己错失了孩子的成长时间，甚至会觉得有罪恶感——如果你已经深陷这样的困境，那你要考虑请一段时间假了，也许你的心态会有所改变。静下来反问自己：

当一名全职妈妈就会更好吗 休个一周的年假试试，在家单独和孩子在一起，从早到晚，体会一下是什么感觉。没准儿你会觉得孩子一点儿都不像你之前想象的那么可爱。在那个时候，你还准备辞职做全职妈妈吗？还是你对那些全职妈妈心生敬意，自己却只想立刻回到办公室工作？

考虑如何调整 看看你的日程安排、工作量、休假时间和工资，问问自己是什么让你对工作失去了兴趣。是不是要换个岗位？还是重新找一份工作？或是休一段时间假？

权衡得失 了解一下你所从事领域的就业情况，和那些曾经告别职场的妈妈们聊聊，问问他们，到底辞职后再想重新回到工作岗位上打拼有多难。还要认真考虑一下，离开单位的那段时间，会对你的经济造成多少损失。这并不代表你物质，没有办法，你孩子的成长和你的家庭都需要用钱去经营。

非常规的工作安排

当你里里外外都考虑清楚，权衡好了，依然认为在家陪孩子对你来说是最佳选择，可以和老板商量一下，是不是可以给你安排一些坐班时间要求没那么严格的工作。最常见的安排有：

妈妈经

如果你是个单亲妈妈，请不要怀疑自己的能力，也不要降低你的标准。你身边也许就有这样一个人，有一名单亲妈妈，没有放弃自己的工作，也没有放弃照顾两岁的儿子。后来她获得了更好的工作机会，实现了在家边工作边带孩子的愿望。

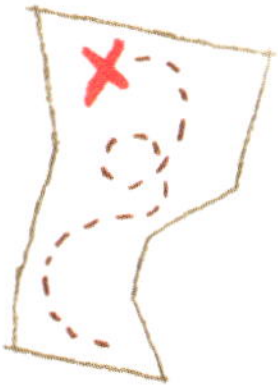

小调查

产假后，你有向公司申请弹性的工作时间或是兼职工作吗？

64% 的上班族妈妈说“没有”

36% 的上班族妈妈说“有”

采用弹性工作制 这样的话，你在制定工作时间表时，能给自己一些自由去调整时间，比如把朝九晚五的工作调整成早上七点上班，下午三点下班。

加班调休制 这种安排的好处，是让员工在工作期间的几天之内集中加班，这样就可以找另外的时间调整休息。比如，你可以申请连续 9 天都加班，然后在某个周五选择休息。

远程工作 如果你们公司的大部分人认为你是一个独立性强而工作努力的员工（当然，你肯定是！）那么，在家办公是一个不错的选择，可以向老板申请看看，是不是一周能有一天这样的时间。

轮班 轮班意味着两个人要合做一份工作，工资当然也要平分。可以采用每人工作半天的形式，或者是将一周平均分配。这样，你就可以腾出休息时间，不用担心被工作打扰。

让自己成为得力助手

如果你有很好的赚钱点子，想要坚持实施，你的经济情况又不允许，就要让老板相信你是他的左膀右臂，不可或缺。下面介绍，怎么才能成为老板的左右手：

1

证明自我价值 不管是建议双面打印纸张节约开支，还是出谋划策为公司赢得大客户订单，让自己成为一个及时雨、救命星。作为一个足智多谋的母亲，相信你的老板会助你一臂之力。

2

学会管理老板 是的，你没有看错，你要让老板意识到自身的不足，而你正是在帮助他弥补，让他觉得脸上有光。你的老板是做事没计划而且经常迟到的那种吗？那你就把一切安排得妥妥当当，准时上班，委婉地提醒老板约好的客户是什么时间见面。

3

对工作要主动 其实许多像写会议纪要这样的重要工作，没人愿意做。如果你愿意的话，请面带微笑，主动请缨处理此类的工作。你的老板会对你刮目相看的。

4

建立信息中心 建立一个可以供公司同事分享的联系人表格，并且加密保护，定期更新。如果有人想要打听某个同事或是合作伙伴的联系方式，你肯定是他要找的那个人。

5

多跟外界联系

如果你不想给别人留下整日死气沉沉工作、浑浑噩噩度日的员工印象，那么，和公司及同行业的人多见见面，除了发邮件之外，可以多打电话聊天或者亲自拜访。

在家办公——放手去做

在家办公，轻松搞定工作，的确是很多人的梦想。显而易见，不管你是偶尔在家办公还是需要每天在家里经营自己的小事业，在家工作都有很多的好处。你可以整天穿着休闲装甚至是睡衣，而且不用坐公交挤地铁，也不用受同事的打扰。但是在家工作也有些困难需要克服。让我们了解一下比较难于克服的问题，再来看看如何解决：

1 容易分心

在家办公，会很容易因为“家”事分心。如果你是一个整洁的妈妈，总是看到灰尘就禁不住想整理一下家务，忙活了半天卫生，工作反倒没做。

那么该如何调整呢？可以用书柜、窗帘打造一个工作区。这样，能让你的注意力更加的集中。

2 容易与公司脱节

在家办公的另一个坏处，就是你无法参加临时召开的头脑风暴会议或者是危机处理会议，这会大大降低你在公司的表现机会。

如何在家办公的同时，和其他的人保持稳固的关系呢？不如约你的同事出来吃午餐，就当是透透气；时刻和同事保持联络，互通有无；还有就是经常回办公室看看，及时了解一些情况，也能让你的同事们知道，你即使在家中工作，也总是在惦记着单位里的事和人。

3 工作不断被打断

无论是在办公室还是在家工作，都会有人找你，打断你的思路或是进程。在家工作的时候，很可能是你的孩子跑来问你他的新袜子只找到一只，另一只去哪里了这种你认为根本无关痛痒的问题。

那么该如何调整呢？可以列个行为须知让家人遵守，比如工作期间勿扰，紧急情况除外；不要乱动你的办公用品；让家人尽量不要影响你工作，如果你父母想招呼人打麻将，那不如让他们去邻居家吧。

4 办事容易拖拉

在家工作没有老板监督，可以按自己的节奏来工作，有灵感的时候可以趁热打铁，让灵感尽情地迸发。但也很容易导致办事拖拉。

那么该如何调整呢？你得不断告诉自己给自己定的标准，必须比在单位工作时更加严格。给自己定好了任务表，把工作详细分好类。要是自己表现良好，别忘了奖励一下自己。

5 忍不住查看工作动态

在家办公容易留下后遗症，就是经常莫名其妙就陷入工作状态，即使你已经结束了上班时间，你也可能改不了这样的习惯，简直要变成强迫症了。你常常会把手机、平板电脑拿起来看，生怕自己错过了最新的工作动态。问题是，这样的行为会占用你的家庭时间。

怎样才能解决呢？你得让同事了解，你在非工作时间是不会查看邮箱的，如果他们有急事，可以电话联系你。

职场妈妈最棒的事和不如意的地方

虽然做个职场妈妈有很多好处，但并非所有的事情都能如意。只要是利大于弊，那么你的选择就是正确的。看看我们的调查中，妈妈都是怎么回答的：

身为职场妈妈最棒的事情

84% 的人认为，和有创意的人共事是很棒的事。

80% 的人认为身为职场妈妈，能为孩子树立良好的榜样。

62% 的人认为上班可以让女人在事业上开创一片天地。

58% 的人认为上班可以让女性经济独立。

57% 的人认为除了孩子，女性应该有自己的私人生活。

56% 的人认为女性应该在专业领域施展抱负。

不尽如人意的地方

92% 的人认为每天睡眠时间不够。

79% 的人认为太多事情要做，疲惫不堪。

71% 的人认为奔波于工作与家庭之间，心力交瘁。

66% 的人认为有时不能陪伴孩子。

拓展职业能力

当你思考下一步职业规划时，不如来个思维反转，以培养职业能力为前提，完全可以考虑不同以往的工作内容。你可以主动申请去涉足未知领域的重要项目或是短期任务。如果你努力去做，相信新的项目会全面提升你的能力，为你的工作注入新动力。更不用提，在这个克服重重困难的过程中，你可以充分表现自己，获得升迁的机会。不要总认为自己已经够忙活了，没法承担更多的工作了，并且为了这些事儿表现出负面情绪。要知道，这个时期你应该好好把握，因为这正是改善工作时间、工作内容、增加人手、当然还有为你的薪水讨价还价的大好机会。想想工资提高有多么实在，孩子上幼儿园有更多更好的选择，或者你可以给孩子请个保姆了。

何时辞职找新工作

如果你为一个公司效劳了很长时间，老板每次叫你的时候都会迟疑地喊成“那个谁”，老板也不知道你每周努力加班只为了周五多休息一天，陪你体弱的孩子去医院复查。这些你都忍了，当新人一批批被招进来，逐一被记住，被提拔，你开始觉得不满厌倦，不明白辛苦这么多年的意义。你当然有理由去埋怨，也许你还会破罐子破摔，直接请一段时间病假，心想反正你也没什么存在感。真要是到了这种地步，那你就离辞职走人不远了，再有一点小事刺激到你，都可能让你直接拍桌子收拾东西走人。亲爱的妈妈，这种时候，我们想告诉你的是，要想辞职后发展顺利，你可以遵照以下步骤：

广撒网　从孩子游泳比赛上认识的家长，到你多年一直保持联系的校友，还有你觉得靠谱的朋友，不要觉得不好意思，可以和他们提起你想找的工作类型，还有你想要换工作的想法。

修改你的简历　要对简历进行更新，让内容更充实，千万不要让简历看上去只是罗列了一堆枯燥的工作经验。想一想，你的简历能让 HR 在茫茫的简历堆里眼前一亮，瞬间发现你的价值吗？

妈妈经

产假结束回岗工作的第一天，我就辞职啦。辞职原因是公司让我隔天出差，为期一周。

妈妈经

不要只困在自己的小世界，和其他的上班族妈妈互帮互助，共同探讨解决生活难题，共同庆祝你们觉得有意义的任何事，互相给彼此建议。说不定有朝一日，这些姐妹中有人会在事业上拉你一把，有人会在你不理智、不开心的时候安抚你的情绪，这些对于你来说都很重要。

探索新领域 可以把下一步怎么走上升到战略角度考虑，这并不夸张。你得明确知道，你是想找个和以前相似的工作，还是把工作范围扩大？怎样才对整个家庭有利？考虑一下短期选择和长期规划。

交际中保持自信

有些人天生善于交际，这是一种无法忽视的能力。不管是在家长会上很快和其他人打成一片，还是刚进公司就能轻松搞定上级，他们总是有自己的一套。而我们想告诉你的是，如果你想在工作上有些改进，和你的上司搞好关系很重要，你得向他们学习，这是很实在的方法。如果自认为不具备这样的能力，甚至你和陌生人见面，介绍下自己的时候都发憷，请试试这些技巧：

打好腹稿 如果想要活跃气氛，一开口就和别人不一样，那就在心里先打好腹稿。寒暄起来，就不会觉得那么紧张啦。

积累谈资 要想不被认为是 out 的外星人，平时多关注时事，多了解最新的畅销书，去影院看看大片，看一两集时下最受欢迎的电视剧，不时地上微博看看最近大家都在关注的话题，熟悉一下哪里有时尚餐厅、剧院、博物馆在展出。

熟能生巧 总是有些人让人有距离感，你还没有打招呼就已经感受到了冰冷。在和这样的人打交道之前，不如先试着和让你如沐春风的人聊起。

学会做笔记 听到好玩的笑话，哪怕是冷笑话，或是孩子说了什么让你喷饭的话，听邻居、同事、校友说起来什么让你印象深刻的事儿，可以记录下来。不要嫌弃这个笨方法，真的很管用。

将热爱的工作效能发挥到极致

这章我们主要讲述如何为自己另谋高就，如果你对现在的状态不满意或者有更高追求的话。当然有很多上班族妈妈对现在的工作很满意，在公司的发展空间也让他们觉得有奔头。在我们的调查中，有四分之一的上班族妈妈找过专业人士进行咨询和指导。有些公司早就注意到这个现象，采取了有针对性的措施，推出了举荐人制度，让公司的员工积极举荐人才，一旦录用的话还会对举荐人进行奖励。那么，上班族妈妈该如何找对适合的举荐人呢？

懂得吸引法则　如果你还在进修，考虑一下自身的个性适合与什么样的导师共事。是更适合那种精力充沛、执行力强的老师还是适合为人低调、睿智的老师？

要有战略规划　交往中，不要只看重别人的头衔，要和你认为有学习价值的人多交流。约人去公园玩的时候，也可以找那些可以传授给你经验，懂得分享的人，你会发现比逛公园更多的乐趣。

多在你的交际圈里咨询别人　不要在乎对某件事的意见是来自什么性别、什么性格，甚至是来自什么行业的人。因为，许多的好建议正来自于那些站在不同角度看待问题的人。

学会灵活一点　想想你认为谁最厉害，就把她邀请过来吃个饭，让她聊聊她学习的情况，问问有什么适合你的进修班或是对你能有所帮助的老师。

.?.!!?

要集思广益　多和那些愿意发表见解和提建议的成功人士接触，把他们看做是你的智囊团。

小调查

你对自己的工作怎么看？

56%

认为工作是事业

44%

认为工作就只是工作

如何在面试中扭转乾坤

如果你凭借自己的实力，获得一个梦寐以求的面试机会，恭喜你，也许会走向一个更好的未来。你需要在应聘之前，在网上搜一下公司的相关资料，打听有没有认识的亲友比较了解公司的情况。然而，当你满怀欣喜，想要把自己最优秀的一面展示出来时，你可能发现了让你很不爽的事情，面试官显得有些不耐烦，不停看手表，让你一下子掉进了低谷，恨不得冲上前去摘了他的手表扔得远远的。或者他好像已经看过你的简历，但你没有给他留下深刻印象，他看你的眼神也没有什么期待，这时候该怎么做才能扭转乾坤呢？

将目标牢记在心　你并不是立刻就要拿下这份工作，只要有把握进入下一轮。

吸引面试官的注意力　不妨吐槽一下行业里的奇闻，吸引面试官的注意，把他带入你的话题以后，再回到主题，聊聊你最擅长的领域。

学会耍些小伎俩　你是有孩子的人，如果被问到你不愿回答的问题，完全可以转换话题。比如用一个“这是很好的问题，让我回想起当初是怎么争取到公司的第一个大客户”这类的话题，来避免你的尴尬，让你顺利脱身。

表现出自信　自信无关于你所说的内容，而在于你说话的方式。如果你被问到一个问题，超出你的认知范围，可以大方地告诉面试官，“这我不太了解，不过我会学得很快。”不要吞吞吐吐说话不痛快，让人看着就不值得信任。

不要过河拆桥

如果你有了喜讯，一份很吸引你的工作在向你招手，那么是时候告诉你的老板你想辞职了。不过辞职也是一门艺术，千万不要让别人觉得你是抱着“这份工作不干也罢”的消极态度，早已经把自己置身事外。下面我们就来探讨如何顺利地辞职：

谨慎地解释自己离职的原因 可以说“有个工作机会，实在是难得”。不能说“我的新老板不会喝酒以后骂人，更不是一个大事小事都爱管的事儿姥姥。”

离职前做好交接 一般规定，离职至少提前一周通知你的单位，所以你要遵守相关的规则。如果你是准备自立门户或者准备从事自由职业，那你更要珍惜机会好好跟你的老板解释，你的老板说不定还能成为你的第一个客户！

记住保持联络 你的同事和经理当然是最了解你能力的人，所以方便的时候邀请他们，一起吃个饭，一起喝杯咖啡。但是不要忘了约到一起的目的，并不是要进行不疼不痒的寒暄，而是为了在更资深的人际圈里，结交更多新朋友。

面对改变，要淡定

亲爱的妈妈，你是不是也有过这种恐慌，你突然意识到，不要说长进，你现在都难以维持现状，只要闲下来的时候想到自己的未来就会心慌。但是你也知道，改变意味着冒险，何况你对未来一无所知。亲爱的妈妈，如果有这样的情况，请你淡定一点，深呼吸，告诉自己要相信不远处等待你的，是一个勇于创新和成长的机遇。

虽然前途未卜，可正是因为如此，你可以走一条不同于以往的道路，没准儿结果会更好。只要坚持，我们相信你能看到一片光明的前景。有时候，现实需要经过时间打磨，才能迸发出希望的光芒。

妈妈经

工作如果不开心，不要因为它是个“铁饭碗”就牢牢抓着不放。应该放手一搏，寻找其他的工作机会。没准儿，你会找到“金饭碗”。

Nishan

10

自由选择

现如今，“上班族妈妈”有了新的形象和定义。在过去，职场女性天天穿着深色的制服，从事着朝九晚五的工作。现在的职场女性形形色色，晃晕你的眼：有穿深色套装的金融分析师，还有在家工作、装束随意休闲的珠宝设计师，也有特别潮的淘宝店主。你也是他们其中的一分子，有着自己的Style。

如果你专业过硬，又有才华支撑，还碰到了思维开放的雇主，恭喜你，你不仅对自己的工作有了更多的选择权，还有资格去协商你的工作地点和时间。你很有可能从此就摆脱办公室的沉闷气氛，还能冲破那些约定俗成的职场升迁规则。那么你就再也不用担心，如何才能够从一成不变的工作里分出心来照顾孩子。但是，许多妈妈在职场上屡创新高的同时，也承受着越来越大的压力。歧视就是一大挑战。

对有些妈妈来说，因为老板要求或者工作性质的原因，想在家工作或是想有点自由时间都成了天方夜谭。有的妈妈因为上级对工作的审核非常严格，远程办公的可能性极小。不过让我们庆幸的是，和上一代的职场妈妈相比，我们不论是谁，都有了更多的选择权。

职业规划

正如孩子的成长有不同的阶段，职业规划也应该是有阶段的。在孩子年幼时，需要妈妈更多的陪伴，这时你可以有所牺牲，把事业的脚步“放缓”，选择对时间相对宽松，或者有更多协商空间的工作，如果是能在家办公的工作，那简直太棒了。不要因为你的选择感觉到失落，很多时候你是在以退为进。当孩子的独立性越来越强，妈妈有了更多的精力和动力回归职场，就可以“加速”前进了。

如果你做好了拼事业的准备，在这样的阶段，并不意味着妈妈们可以全力在职场挥洒汗水，家里的事情就不用张罗彻底解放了。你还是要把一部分心思放在孩子身上。弹性的工作时间对于你来说非常有价值，你终于可以亲自把女儿送到幼儿园，在9点半之前赶到公司，这半小时甚至可以改变你一天的心情。还有周末你可以把项目带回家的时候，完全可以去学校和孩子共进午餐以后，回家把你落下的进度赶上。再有就是当你开车去参加会议却被交通高峰堵在路上一动不动的时候，打个免提电话回家，关心你的孩子在干吗。

现如今，越来越多的职场妈妈能够游刃有余地穿梭在工作和生活中，她们对自己的职业方向和工作强度也掌握了更多的话语权。是要选择放缓脚步，休整状态呢，还是放开步伐，锐意进取？是准备铆足了劲儿升职呢，还是准备辞职休息一阵儿？是选择自由职业还是做个职场中人？这种对工作时间、地点以及工作节奏、职业规划的掌控，能让你生活得更快乐。

公私分明

其实有很多事情，也是要看你的心态。如果你现在效力的公司，弹性工作时间少，不要以为自己倒了大霉。你得想想，正是因为这样，才给了你一个严格保持工作和家庭之间界限的机会。我们知道，这说起来容易做起来很难。下面，我们就告诉你如何迈出公私分明的第一步。当然，这个要求肯定不是你老板提出来明确要求你的，而是你自己设定了这样一个权限，就当私下给自己立了规矩。你得像平时要求自己的孩子一样，督促自己严格遵守执行。

妈妈经

有时候，你已经竭尽心力，可还是感觉在工作和家庭中间左右为难，无法达到期待值。如果你的工作没有因为你的努力而改观，反而越来越糟糕，你就可以考虑离职了，或者换个新老板，或者自立门户。

妈妈经

不要预先假设自己的行程安排是无法改变的。问问都有哪些时间可以远程办公！这能让你更好地兼顾工作和生活，更好地陪伴孩子。

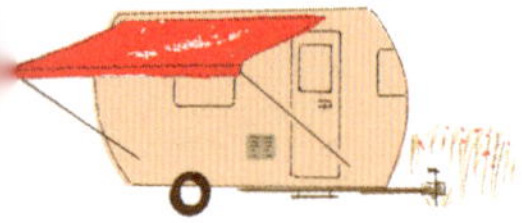

大势所趋

弹性工作制在职场越来越受追捧，看起来很是具有革命性意义，如果你工作的公司刚好有这种制度，你觉得简直就像是中了彩票一样。因为每当有新的选择出现，人们都会抱有这样喜悦的心情。这种中彩票的心情不会维持太久，因为弹性工作制很快就会普及成常态，到时候你就可以非常冷静地对待这件事了。

自由选择工作的时间地点 好的企业文化，会更看重你是否按时按质完成工作，没有固定的会议，也不存在每天和同事见面的束缚。不看你在哪里办公的过程，只看你完成任务的结果，这种企业文化其实最早来源于百思买企业总部的构想，后来被 Gap 和 IBM 等越来越多的公司采纳。

工作场所的转变 因为越来越强大的网络，任何地方都能成为办公场所。如果你觉得在公园的长凳上能够让你思绪飞速旋转，高效率写出一份精彩的销售文案，那么不妨去公园工作。不管是老板还是员工，都知道换换工作环境，能帮助人转换心情，提高创造力和效率。这些好处，难道还不够职场妈妈们去享受吗?

个性化的工作安排 如果一个企业能够让员工在有一份稳定工作的前提下，对自己的工作量和工作强度、工作职责、工作地点以及时间进行灵活的规划和安排，那就是非常棒的工作环境。只有员工在工作和生活中游刃有余，才能获得更多的满足感，那么他们对公司归属感就越强烈，公司对他们的吸引力也就越大。

让弹性工作成为一种常态，甚至延伸为你的企业文化。不久的未来，你的公司一定会被这股潮流席卷。

在外办公准则

自由办公虽然方便，但是不能否认确实会碰到一些棘手问题。比如要举办临时紧急视频会议的时候，你在离家不近的市场买菜……无线网络信号弱，手机、电脑马上没电等情况都可能会出现。以下这些行为规范，能够帮你把事情推进得顺利一点：

电话会议需要未雨绸缪 如果提前得到通知，记得一定尽早把你手中的相关材料发给同事们，即使你一时半会儿赶不上电话会议，也不至于太尴尬。

视频会议的时候，注意镜头 对着镜头说话的时候，要和镜头有眼神的交流，因为你的目光如果一直注意的是同事的脸，那么屏幕出来的画面会是你在俯视镜头。

知道如何处理未接来电吗 你可能有个重要的电话进来，信号却很弱，等你找到信号强的地方赶紧回过去，他可能有事情又在忙。谁没遇到过几次你来我往的电话追逐战呢。这种情况下，可以确立一个经验法则：最先打电话的人，最先回电话。

不要在提供免费WIFI的地方停留太久 在环境好的咖啡厅里，放眼望去，坐满了拿着笔记本电脑上网的人。你可以一下午都待在咖啡店里办公，但是有一些规则要遵守。首先，不要占用过多的流量，满足工作所需就可以了。其次，点杯咖啡或是蛋糕，老板毕竟是为客人提供方便，你应该考虑老板的经营成本。最后，如果可以，在离开的时候，别忘了对店员或者老板说声谢谢。

拒绝来电以后回复信息 手机来电，常常会遇到不方便接听的情况。如果你在电梯、公车、或是火车，还有其他被陌生人包围的场合，请按“拒绝”键。然后，给对方回信息说明，方便的时候再回电。

自己当老板

如果你正在考虑自己创业做老板，不要迟疑，马上开始吧。据统计，现代女性创业人数增长的速度是男性增长速度的两倍。《职场妈妈》杂志调查显示，有十分之一的上班族妈妈慢慢转型，自己做了老板。亲爱的女士们，这可不是昙花一现的潮流，这是一场女性独立自主的运动！你想成为自己的老板吗？看看以下的标准，如果你都具备了，那就是时候甩了老板，为自己打工了！

1 面对风险，坦然处之 放弃每个月按时领到固定工资的想法，任何创业都需要一些时间才能得到回报，当然了还存在一定的风险。所以在创业初期，准备一部分资金以备不时之需是很重要的，还有你得沉得住气。

2 你已经做过市场调研而且发现了新花样 通过调研发现，你的产品或服务不同以往，很令人期待，完全有市场。

3 做好长期战斗的准备 通往成功的企业家之路，并非一帆风顺，即使励志书籍上几百页文字也不一定能讲述完创业的酸甜苦辣。如果你在创业的路上跌倒了，看看那些成功的案例，把这短暂的失败当成小插曲。与其消极，不如趁早做好长期的规划和准备，才能坚持到胜利。

4 善于激励自己，自信满满 自己当老板的话，如果工作出现拖延，那一定和以前不一样，没有人监督你，而且你再也不用讨好上级，唯一想要讨好的人就是自己。因此，自己当家的话，不仅需要十足的动力去奋斗，还需要有足够的自律能力来约束自己。

5 不要杞人忧天 思虑太多会让你的脚步停滞不前。如果你的精力都放在每天思考怎样能做得更好，并且想了很多点子，那会对你的事业有所推动。可是如果你一直沉浸在昨日的安稳或是辉煌之中，对你现在的状况充满忧虑和怀疑，那么不管是伯乐还是机遇，都会离你远去。

6 适应能力强 你不会害怕改变，反而很喜欢变化，而且适应能力强。如果事情向超出预期的范围发展，哪怕是不好的，你都能够承受住。对于你来说，再洗一次牌是件很有趣的事情，你会重新调整自己的状态，也许你会有挫败感，但是它绝对不会打击到你，而是让你新生。

7 正确地看待世界 不要主观臆想世界应该是什么样子的，你已经不是爱做梦的青春期少女了。乐观一点当然好，但也要脚踏实地，现实一点，你最重要的优势在于能回头审视什么是最有效的，什么是没用的，为你的将来清扫道路。

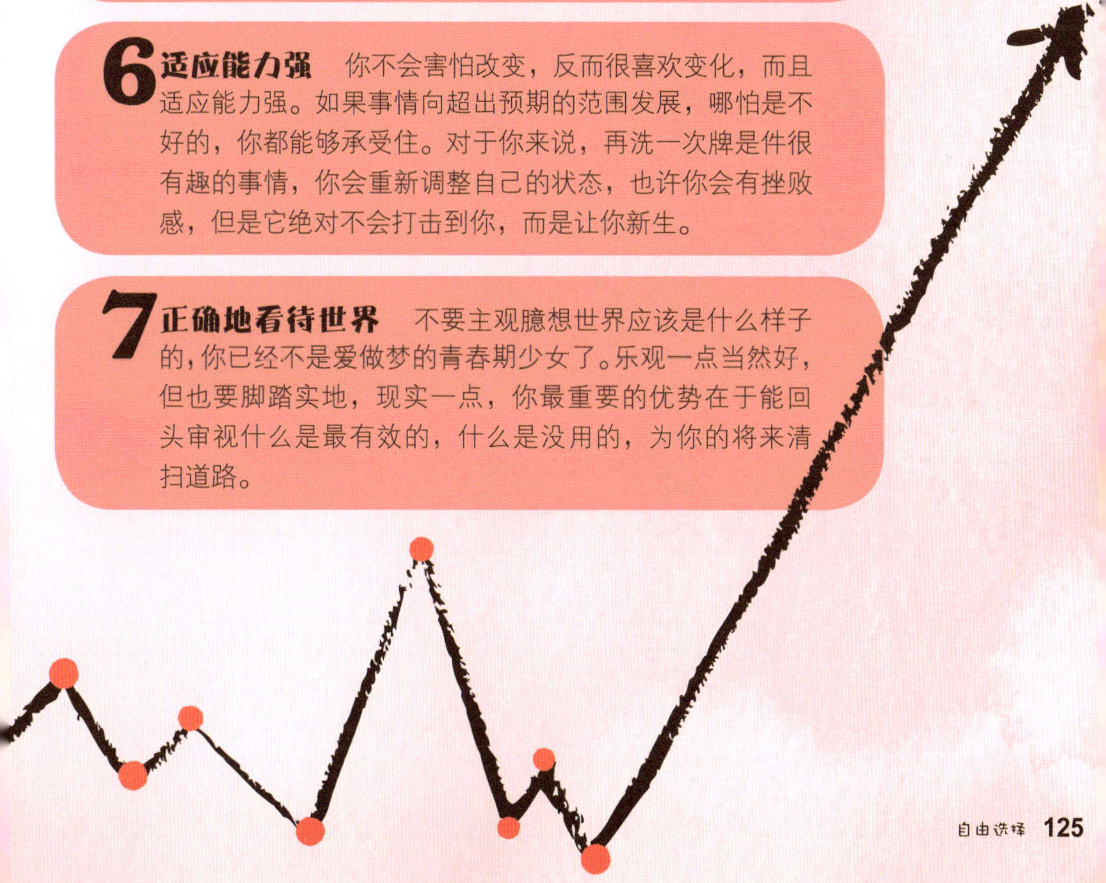

妈妈经

我热爱我的工作。所以休完产假后，我面临着一个抉择：理智地回去工作还是在家给女儿当全职妈妈，整天为家事抓狂。我回去工作的话，可能会有人说我自私，抛下了家庭。当我不去在意这些闲话，坚信自己选择是对的时候，工作会让我的家人生活得更好，也让我自己的生活更加丰富和快乐。

成立一个员工后援团

如果公司还没有类似的组织，可以试试看为上班族妈妈成立一个 “员工后援团”（ERG）。这类后援团越来越受追捧的原因在于，成员都有着或多或少的共同点。比如，来自同一个行业、擅长同样的专业或者拥有同样的爱好，或是有着同样的生活环境。他们在这个团体里会抱成一团，互诉衷肠，互相帮助，为共同面临的问题寻找解决方案。团队的努力付出，不仅能够影响公司的决策和经营，还能够让你们的公司越来越出类拔萃。这些正能量，会让妈妈们的工作更加有希望和有奔头。

有一点需要注意：不要让这样的后援团一开始就感觉非常正式，应该增加一些娱乐性。起初可以建立一个群，大家商量一下每月组织一场什么样的活动，把大家约出来聚在一起。为了集思广益，碰撞出更多火花，可以让后援团的同事们邀请更多的上班族妈妈参与进来。和一群了解你酸甜苦辣的姐妹们一起谈天说地，本身就是一种很好的减压方式，也让这个团体更加暖意融融。

不必感到抱歉

作为上班族妈妈，你是不是也遇到过这样的尴尬，一谈起自己在一边上班一边带孩子，总会受到别人的质疑。别人也许在想，现代女性的工作压力这么大，你竟然没有把孩子交给爷爷奶奶外公外婆，而是一边打拼事业一边照顾孩子？能顾得过来吗？好吧，如果你换一个说法，告诉别人你是在家里做全职太太，每天的任务就是带孩子，别人对你的质疑也不会减少，年纪轻轻就什么都不做了只是围着孩子转？看吧，不论你怎样处理你的工作和家庭关系，都有人无法理解。所以，还是泰然处之吧，做一个上班族妈妈有什么不好的？亲爱的妈妈，其实对于很多女性来说，随便评论别人已经成了一种习惯，一堆女性凑在一起评头论足甚至可以发展成为一场辩论赛。是不是没意思透了？她们能做的，仅此而已了。

而对于你来说，无论在什么地点、什么时间工作，都是你自己的事情，与他们无关。

拥抱改变

现代的上班族妈妈压力越来越大，因为职场对于她们来说，要求越来越多，有时候会感觉喘不过气。与以往相比，越来越多的女性进入职场，职场也发生着翻天覆地的变化，一些人为了不被落下或是步步高升，不断学习新技能，还要挑战自我拓展的能力。谁都有累的时候，动物捕猎累了都知道休息一会儿，更何况进化更好的高级动物——人类呢？

你可以停下脚步做调整，但是关键你要意识到，是不是因为你对未知、对失败的恐惧，让你一直维持现状不敢改变。如果是的话，给自己打打气。步伐不要迈得太大，慢慢来。当你失去勇气的时候，想想著名的博物学家查尔斯·达尔文的名言："并不是强者生存，而是适者生存。"

上班族妈妈的崛起

在美国，职场女性在数量上已经超过了男性，她们也拥有了自己的声音和权力，有了强大的号召力。女性出去工作，并不是想在地位上压倒男性，而是让人们看到，女性已经获得足够的权利表达自己的诉求，而且完全有能力实现诉求。当然，在职场上打拼像是一场拓展训练，更像是一次冒险，只要你有一颗敢于冒险的心，愿意接受沿途路人的协助，也愿意接受下一刻不知自己身在何处的变化，你一定会收获满满。

Working Mother Magazine
《职场妈妈》杂志

《职场妈妈》杂志为职场妈妈营造了一个交流的平台，代表全美超过220万上班族妈妈的心声。杂志内容涵盖个人生活、专业领域及家庭相关的题材，讨论与职场妈妈切身相关的议题，在业界独树一帜。该杂志发起的“百佳公司票选”活动为美国企业树立了一个标杆。“多元文化女性最青睐的企业”票选活动也吸引了全社会对职场中性别、种族和多元化议题的关注和讨论。

苏珊娜·瑞丝

苏珊娜·瑞丝是《职场妈妈》杂志的前任主编（图左），拥有十五年女性专栏写作的经验，屡获殊荣。她经常探讨育儿、健康、生活方式及财经方面的议题，在杂志、广播及电子媒体多个平台上成功地建立了自己的品牌。苏珊娜还是多家全国性杂志的资深撰稿人，拥有哥伦比亚大学新闻学硕士学位。在担任《职场妈妈》杂志主编的五年期间，每周都收到数以千计上班族妈妈的来信，而她坚持为妈妈们答疑解惑。

特瑞莎·帕拉格诺

特瑞莎·帕拉格诺，作家、编辑，供职于《职场妈妈》杂志8年，现任执行主编一职。特瑞莎是育儿、健康及生活方式专栏的撰稿人。作为一名屡获殊荣的记者，特瑞莎曾在多家全国性的杂志担任要职，所涉内容无所不包，从葡萄酒行业到杂志出版、从水疗护理再到鞋业。特瑞莎觉得最快乐的事情莫过于帮助上班族妈妈解答育儿难题。

米切尔·波巴

米切尔·波巴博士不仅是三个儿子的母亲，还是一位育儿专家、教育心理学家，并在《今日秀》节目担任嘉宾主持。著有23本专著，最新作品《父母教养解决方案》。

致谢

在这里，要诚挚地感谢韦尔登·欧文公司的专业团队成员——特里·纽厄尔，罗杰·肖，伊丽莎白·多尔蒂和凯蒂·摩尔，是他们的横溢的才华和周详的安排，才使得我们的想法最后出版成书；感谢伊丽莎白·肖和阿比·图勒对此书的润色；感谢凯利·布斯、米歇尔·噶德娃、康纳尔·巴克利、玛丽莎·郭带领的设计团队，让本书如此好看。

感谢《职场妈妈》杂志的芭芭拉·特维特分享她的智慧，以及艾比·安提瓜、瑞安·克莱因、艾丽莎·科恩的大力协助。感谢印度·库伯睿智的眼光和我们最爱的摄影师李·克洛尔。我们还要对尼山·阿奎连表达深深的谢意，正是他的插画，如此贴切地表达了我们的想法。也要特别感谢《职场妈妈》杂志的总裁卡罗尔·埃文斯鼎力支持，对本书给予职场妈妈的指导和鼓励表示了肯定。

要感谢的人还有太多。特别感谢沃克通讯公司的波尔·安妮·卡兹维兹，因为他，我们才能完成调查。感谢数以千计参与调查，分享宝贵想法的上班族妈妈们。感谢支持我们的家人、朋友和一切爱我们的人。

苏珊娜要感谢温迪和南希一如既往的支持，感谢父母和老公的支持鼓励。特瑞莎要感谢玛丽·奥罗克，凯西 ·瑞普和莎朗·柯利，在最需要的时候，从未让她失望；还要感谢姐妹玛，每天对孩子细致入微的照顾，让我省心；感谢麦克，制造这么多亲子间的乐趣。

感谢我们的两个儿子，杰克和杰。你们的魅力锐不可当，时刻提醒我无论有多忙，都要和你们挠痒痒。是你们让这本指南书籍，乐趣多多。

图书在版编目（CIP）数据

职场妈妈平衡术 / (美) 瑞丝, (美) 帕拉格诺著；
胡皓译. -- 石家庄：河北科学技术出版社, 2014.6
ISBN 978-7-5375-7006-0

Ⅰ. ①职… Ⅱ. ①瑞… ②帕… ③胡… Ⅲ. ①母亲－职业－应用心理学 Ⅳ. ①C913.2

中国版本图书馆CIP数据核字(2014)第120214号

职场妈妈平衡术

出版发行：河北出版传媒集团
　　　　　河北科学技术出版社
地　　址：河北省石家庄市友谊北大街330号
邮　　编：050061
印　　刷：北京华联印刷有限公司
开　　本：880x1230　1/32
印　　张：4.5
字　　数：160千
版　　次：2014年11月第1版
　　　　　2014年11月第1次印刷
定　　价：29.80元